JN304019

歌って覚える

英単語
完全制覇【最重要編】

大学受験

「長期記憶定着法」と「短期集中決戦法」のダブル効果速習術

泉 忠司　Tadashi Izumi presents

青春出版社

はじめに
「泉式英単語学習術」と『歌って覚える 英単語完全制覇』は、なぜスゴいのか

「どれくらい単語を覚えれば、英語ペラペラになれるんですか？」「どれくらい単語を覚えれば、センターで満点取れますか？」「どれくらい単語を覚えれば、TOEFLで550点取れますか？」「どれくらい単語を覚えれば、TOEICで800点取れますか？」「どれくらい単語を覚えれば、英検で…」もういいですね。これらは学生たちから出てくるもっとも多い質問のパターンです。

「英語の勉強」＝「英単語の暗記」と思っている人がとにかく多い。「たった半年で偏差値30から全国1位を実現するなんて、単語を覚えまくったんですか？」なんて昨日も言われたばかりです。日本人は本当に英単語の暗記が大好きですよね。『英単語完全制覇』と銘打った本の冒頭で、著者自身が言うのも何ですが…。断言します！　英語は単語がすべてじゃない！　いくら単語の意味が完璧に分かっていても、英文の構造が分かってなければ、リーディングもライティングも英会話もできるはずがないのです。とは言え、まったく単語を知らないと英語ができるようになるはずがないのも、やはり事実。そりゃ、20個の単語から構成されている英文で、18個の単語の意味が分からなければ、理解できるはずありませんから。そこで「いかにすれば英単語を完全制覇できるのか？」という疑問に答えるところからスタートしてみます。

１．英単語の暗記で数はたいした問題じゃない！
－quantity(量)ではなくquality(質)－

「どれくらい単語を覚えれば、英語ができるようになるんですか？」の類の質問をする方は、「2000語」とか「5000語」とか「8000語」という具体的な数字としての答えを期待しているようですが、正直、数はたいした問題じゃないんですよね。というか、数を求められても、どう答えていいか分からないのです。そりゃ、覚えてる単語の数は少ないよりも多い方がいいのは言うまでもありません。そして実際、難しそうに見える単語をたくさ

ん覚えることこそが単語の勉強だと思っている方がやたらと多い。でもね、例えばindignation(怒り)、subsidiary(補助的な)のような小難しそうに見える単語を10個覚えるなら、inとかhaveとかgetの意味を複数覚えた方がよほど効果的ですよ。

　たまたま手元にある大きめの英和辞典を引いてみると、inは52個、haveは21個、getは34個もの意味が掲載されています。各項目に記されているイディオムっぽい記述までカウントするなら、この数がもっともっと膨れ上がるのは言うまでもありません。もちろん、辞書の種類やサイズ、訳語の選び方などによって、この数字は変動しますが、とにかくたくさんの意味があるのは確かです。実際に、お手持ちの辞書をご覧になってみてください。(確認中…確認中…確認中。はい、そこのやってない方、「自分でやる」って作業が大事なのです。さぁ、辞書を引いてみて！) ね、inひとつに結構なスペースが使われてるでしょ。ついでに、indignationを引いてみると、案の定、意味は１つです。

　さて、indignation「怒り」、subsidiary「補助的な」、assault「攻撃」、ambassador「大使」、deterioration「悪化」、legislation「立法」、aristocracy「貴族」と覚えた人は、語彙数にすれば7つ。これに対してinの意味を「～のなかに」「～に従事して」「～の状態で」「～の時に」「～を着て」「～の分野で」「～のうちに」と覚えた人は語彙数にすれば52分の7。数では圧倒的に前者の勝ちですが、どう考えても実際に使えるのは後者の知識。だって、indignationやaristocracyが問題文に出てくる可能性っていったいどのくらいでしょう？　これに対して、inやhaveやgetのまったくない長文問題ってあるのでしょうか？

　そもそも、小難しそうに見える単語は意味が1つか2つしかないのだから、覚えているか覚えていないか、ただそれだけのこと。これに対して、inやhaveやgetのように中学1年生でも知っているような単語は意味がたくさんある。だから、例えばinが出てきたときに、「～のなかに」という刀で切れなければ、「～の状態で」という刀をもう一本の手から出さなきゃならない。それでも切れなければ、今度は懐から「～の分野で」という小刀を出す。それで駄目なら「～を着て」という手裏剣を投げる。武器をどれだけ持ってるかが勝負だし、そのうえ、相手に応じて適切な武器を使い分けなきゃ

ならない。indignationよりもinの方がよほど厄介な敵だと思いません？　つまり、一見簡単に思える単語をどれだけ攻略できるかというのが、英単語の、そして英語そのものの完全制覇に関わる重要なポイントなのです。英語がよくできる方の辞書を見せてもらってみるといいでしょう。inやhaveやgetの項目がかなり汚れているはずですよ。

　かと言って、inの意味52個を全部覚えようとするのは、これまた無駄な勉強法。52個のなかで、大学入試、資格試験、日常英語などを考えると、重要なのはせいぜい上に挙げた7つの意味くらい。長文問題などでinが出てきたときに、自分の知ってる意味で通じないと思ったらすぐに辞書を引く習慣をつければ、52個のうちどれが重要で、どれが重要じゃないかを見抜く力はすぐに身につきます。一度チェックした部分に赤線を引くとして、赤線を引かなくなる段階が2〜3ヶ月もすればすぐに訪れますから。52個全部に赤線が引かれるのではありません。いつもお決まりのもの以外は出てこないのです。

　もうお分かりですね。英単語の暗記で数はたいした問題じゃない。重要なのはquantity(量)ではなく、quality(質)なのです。

　『英単語完全制覇』を作るにあたり、それこそinやhaveやgetのような中学生でも聞いたことがあるような、つまり、それなしで長文を作るのが不可能なタイプの単語だけを取り上げ、その重要な意味を整理し、羅列するタイプの単語集を作ろうとも思いました。これによって、上述したような2〜3ヶ月の苦労を軽減できるのは確かです。でも、即座にこれは却下。その作業は学習者自身にやってもらいたいという教育的配慮が一番の理由です。

　大人向けの単語集ならまだしも、「大学受験」と銘打っているとおり(もちろん、TOEFLやTOEICのような資格試験対策にも有益ですし、一般の英語学習者にお使いいただいてもすごく効果的な単語集に仕上がってます)、この本は若い学習者をメイン・ターゲットにしています。あまりにも重要であるがゆえ、この部分は若い皆様には特に、手助けなしで自分の力でやってもらいたいのです。それによって、学習の初期段階で一語一語をじっくりと考える習慣、つまり、精読する習慣が身につきます。これは後の英語学習で大きな武器になる。

例えば、リーディングを考えても、速読技術ばかり勉強してる人より、精読の習慣がついている人のほうが、より早く、より正確に読めるようになると断言します。僕は速読の勉強は一度もしたことがありません。英会話学校にも通ったことがありません。TOEFLのための勉強やTOEICのための特別な勉強だってしたことがありません。海外にだって26歳まで出たことがありませんでした。それでも、そこいらの英語がかなりできる人と比べても負けないくらい、より早くより正確に英語を読む自信があります。大学受験でも偏差値30から始めて半年で全国1位にまで上りつめましたし、大学院生のときにはケンブリッジ大学にも留学しました。TOEFL、TOEICだって明日受けてそれぞれ満点に近いスコアを出す自信もあります。その土台は、学習初期より身につけた精読の習慣によって養われていると断言できるのです。

　目先の2〜3ヶ月の効率化だけを考えれば、haveやinの重要な意味がどれかを見抜く指針となるような単語集の意義はありますが、半年、1年、5年、10年と、長期に渡り有効な効率化を考えると、出てくる文で自分の知ってるhaveの意味で通じないときに、いちいち辞書を引いてチェックする作業は自分でやるべきです。僕もそうしました。その手間を惜しまないうえでの1日2時間以内の学習でだって、3ヶ月で偏差値30が65にはなりましたよ。そして、今現在、その手間を惜しまなくて本当によかったと思っています。

　というわけで、『英単語完全制覇』ではその次のステップ、というか、それと平行して進めるべきステップである、haveやinのような中学で学ぶレベルの単語と比べるとそりゃあ頻度は低いけど、それは比べる相手が悪いだけで、一般に考えるとかなり頻出と言える、つまり知っておかないと英語の理解に苦しむようになる「最重要単語」を整理して提示することにしました。

2．「泉式英単語学習術」の根幹－長期記憶と短期記憶の併用－

　英単語は何と言っても覚えてナンボ。いくら最高のセレクションを提供しても、覚えてもらわないことには意味がありません。では、単語の何を覚えたらいいのか。もちろん、「単語の意味」は重要です。でも、意味だけ

じゃ駄目なんですよね。もうひとつ、「意味」を覚えるのと同じくらい重要なのが、その「単語の使い方」。具体的に言うと、品詞とか、どういう語とくっつきやすいとか、どういう語とくっつくとどういう意味が出るとかです。それがどうして重要なのか、それを覚えることでどれほどの効率化がもたらされるかは、シリーズ第1弾『歌って覚える 英文法完全制覇』をお読みいただければ嫌というほど分かるでしょう。(なので、ここでは「単語の使い方を覚えるのは重要だ」ということだけ確認して、話を先に進めます)

　単語の何を覚えるべきかを確認したところで、次は単語の覚え方を考えていきたいと思います。単語の覚え方は大きく分けて2種類しかありません。「単語を単語のみで覚える」か「単語を文のなかに入れて覚える」か。両者のメリットとデメリットを整理してみます。

●「単語」を「単語」のみで覚える

	メリット
1	その気になれば、一気にたくさん覚えられる
	デメリット
1	「意味」しか記憶に残らない(「使い方」は覚えられない)
2	一気にたくさん覚えるだけに、一気にたくさん抜けていく
3	試験時にど忘れしたら、思い出すのは絶望的

●単語を文のなかに入れて覚える

	メリット
1	「意味」だけでなく「使い方」も同時に覚えられる
2	長期記憶に残りやすい(この理由は後述)
3	試験時にど忘れしても、思い出すことが可能(この理由は後述)
4	一文でいくつもの単語を覚えることが可能
	デメリット
1	一気にたくさん覚えるには限界がある

　これらを踏まえたうえで、泉忠司が推奨する英単語暗記術は**「例文暗記による長期記憶定着法」と「単語のみ暗記による短期集中決戦法」の併用**で

す。もちろん僕自身もこの方法で学習してきました。

「意味」と「使い方」は英単語の学習に必要不可欠な両輪とも言うべきもので、どちらが欠けても、試験でのスコアアップに問題が生じます。そこで基本は、両方同時に覚えられるということで、「単語を文のなかに入れて覚える」方法を採る。しかもこの方法にはやり方次第で副次的効果があります。それがメリットの2と3に書いた「長期記憶に残りやすい」ことと「試験時にど忘れしても、思い出すことが可能」ということです。これに関しては次の「なぜ音楽で英語？」の部分で言及します。

1日に5文ずつでも、10文ずつでも、例文暗記をこなしていきましょう。これにより、爆発的にではありませんが、本当の意味で自分のものになる単語は着実に増えていく。試験直前までは、焦らずこの方法で攻めるべきです。この際に、もっとも重要なのは、**1度覚えたものを絶対に頭から出さないように、徹底的に繰り返すこと**。1日に30文ずつ覚えても、5日後にその大半が抜けてしまうのでは意味がない。1日5文ずつでも、それを確実に覚えていくことで、知識は絶対に増えていきます。**早くたくさん覚えるのではなく、覚えたことを頭から出さないようにすることこそ、最高の暗記術なのです。**

そして、試験直前期に入ったら、例文暗記の量を減らし、これまでに覚えた例文のチェックを中心にする。それと平行して、単語集を使い、単語の「意味」だけ一気に覚えてください。その気になれば、2週間あればかなりの量を覚えられるでしょう。そして、一時的に無理やりボキャブラリーを増幅させて試験に臨む。試験が終わったら、一気に覚えた単語は忘れて構いません。というか、放っておいてもすぐに忘れるでしょう。でも、試験本番に少しでもたくさん覚えてれば、それでいいじゃないですか。

このように、「例文暗記による長期記憶定着法」と「単語のみ暗記による短期集中決戦法」を併用することで、それぞれのメリットだけを採用した、究極の単語学習術が完成するのです。

なお、非常に定評ある単語集のひとつで、単語でも文でもない、その単

語を含んだ文の一部分だけで覚える方法を採る単語集があります。「意味」と「用法」を同時に覚えられるという点においては、「単語を文のなかに入れて覚える」メリット1を備えている。また、文を覚えるよりは負担が少ないことから、数もこなせるので「単語を単語のみで覚える」メリット1も備えている。となると、この方法で普段からやればいいのではと思えなくもないのですが、次項で述べる英語のメロディアスな特徴を学習に取り入れることにより、「単語を文のなかに入れて覚える」メリット2と3を副次的に生み出せることから、普段の学習ではやはり「例文暗記による長期記憶定着法」が圧倒的にいいですね。もし僕がその手のものを使うとすれば、直前期を1ヶ月くらい取り、前半3週間を「単語を文の一部で覚え」、ラスト1週間は「単語を単語のみで覚える」方法を採ると思います。いずれにせよ、あくまで、普段の学習用ではなく、直前一気スパート用ですね。

3．なぜ音楽で英語？

　英語と日本語の大きな違いのひとつにリズムの有無が挙げられます。ちょっと音読してみればわかるとおり、日本語はリズムが平坦な言語であるのに対して、英語はリズミカルな言語です。単語ひとつひとつにアクセントがついているし、その組み合わせでリズムとハーモニーが出来上がっている。英語って音楽なんですよね。実際、僕が例文暗記を効率よくできたのは、英語のメロディアスな特徴をおおいに利用したからです。

　歌を覚える時のことを想像してください。歌詞カードを見るだけで覚えるのと、実際に音楽を鳴らし、メロディを聴きながら覚えるのと、どちらが早く覚えられるか。言うまでもない。後者に決まってます。歌1曲の歌詞ってかなりの量ありますが、自分の好きなアーティストの曲なら結構覚えてません？

　英語を暗記する際に、この特徴を活かさない手はないでしょう！　僕は例文をリズミカルに読みながら、歌を覚えるように覚えていきました。毎日聴いてる音楽は自然と口ずさめるようになるでしょ。同じように、毎日自分で歌い、自分の耳に入ってきた英語はどんどん覚えていくものです。その際、正しい発音、正しいリズムであるに越したことはない。そこで、

CD等でネイティブの発音を聞きながら、ものまねで歌うというのができれば最高です。本当はそれが理想的ですよ。でも、自分が覚えたい例文すべてにネイティブによるCDがついているとは限りませんよね。そういう時は、どうすればいいか？　自分勝手に好きなように歌っちゃえばいいのです！

「覚える」ことだけ考えるなら、別にネイティブのとおりじゃなくたって、つまり、英語の発音やリズムが音痴だって構わない。音痴の人は歌を覚えられないんですか？　カラオケで強烈な音痴なのに、お気に入りの歌を気持ちよさそうに、画面を見ずに歌ってる友だちの顔がたくさん思い浮かびます。そう、「暗記」に音痴かどうかはあまり問題じゃない。要は、棒読みが一番いけない。自分なりでもいいから、リズムがついてればいいのです。

そしてメロディー付きで覚えると、圧倒的に覚えやすくなるだけでなく、長期的に記憶に定着するという大きな副次的効果もあります。一度覚えた歌の歌詞って、ずっと歌ってなくても結構覚えてるものでしょ。小学校のときに習った童謡や、中学・高校の頃に大ヒットした曲なんて、その後何年も聴いたり歌ったりしていませんが、この場で即座に歌えますよ。皆さんもそうじゃありません？

英語のメロディアスな特徴を利用すると、覚えやすくなるうえ、長期的に記憶に定着するわけで、学習には最高ですね。この特徴を最大限活かして英単語の学習をするには、文の形が最適なのです。だって、単語だけじゃリズムのつけようがないし、単語の前後にひとつふたつ単語をつけてみたところで、生まれるメロディーは高が知れていて、たくさん覚えていくうちに似たようなフレーズ同士で混乱をきたすのは目に見えている。

しかも、英語を音楽として覚えておくと、試験でど忘れした時に、記憶を手繰り寄せることさえ可能になるのです。例えば、1番の歌い出しの歌詞が分からなくなった歌があるとします。でも、サビが分かっていれば、サビを歌ってるうちに自然と2番の歌い出しに入る。そこで1番の歌い出しのメロディーを思い出し、歌詞も一緒に思い出せる！なんて経験ありません？　これと似たような感覚で、試験のときに覚えているはずの単語の意味をど忘れしたとしても、それをメロディとしての例文で覚えてると、その単語をつぶやくうちに、前後のメロディが出てくる。そして、さらにその前後が出てきて、その例文を全部思い出せる。すると、「ああ、この例文

は全体でこういう意味だったから、この単語の意味はこうだった！」という具合に記憶を手繰り寄せることさえ可能となりうる。単語だけで覚えてると、ど忘れしたが最後。その試験中に思い出すことはまず不可能ですね。

4．本書の構成と特徴－製作の裏側公開します！－

　ここまで来ると、なぜ『歌って覚える 英単語完全制覇』なのかお分かりいただけますね。本書はけっして単なる企画ものではありません。超人気大学講師と呼ばれる泉忠司が『歌って覚える 英文法完全制覇』に続き、自らの経験と教育理論に則(のっと)って自信を持ってお贈りする、きわめて本格的な英単語集なのです！

　ここで本書の構成と特徴を説明します。これには本書をいかにして製作したかを公開するのが一番でしょう。学習者が自分で英語のメロディアスな特徴を利用して例文暗記できればいいのですが、みんながみんなうまくできるとは限らない。そこで、眼前の大学入試に向けて、何とか例文暗記してもらうには、英語を歌そのものにするのが一番だと考えました。また、その効果に関しては『歌って覚える 英文法完全制覇』の読者の皆様からの声を聞くと、完全に実証できたと言えます。

　歌詞作成にあたり、まずは単語の選定から始めました。歌詞にしやすいというだけの理由で何でもかんでも並べ、覚える必要のない単語を覚えてもらっても意味がありません。この作業にはかなりの時間を費やしました。コンピューターを駆使して、高校の教科書、センター試験、各大学の近年の入試問題を詳細に分析。本書と同じく青春出版社から発売されている『試験にでる英単語』をはじめ、既刊本もおおいに参考にさせていただきました。そのうえで、「最重要単語」と位置づけられる単語を約700語選出。さらに「重要単語」と位置づけられる単語を約800語選出しました。なお、「最重要単語」「重要単語」ともに、基礎からセンター試験、ならびに一般的な私大入試や国公立大二次試験レベルです。偏差値で言うと65くらいまででしょうか。「最重要単語」と「重要単語」は出題頻度で線引きしました。

　単語の選定の次は作詞作業です。歌詞ですから、あまりに長いセンテンスを作るのは不可能だし、『歌って覚える 英文法完全制覇』で定着した、日

本語訳と英語が交互に並ぶ歌詞配列を採用するので、1曲に使う文の数もせいぜい20文(日本語部とあわせると全部で40文になる)が限界です。「最重要単語」に選出した単語を20文のなかにできるだけたくさん散りばめ、どうしても「最重要単語」だけで作詞できなかったところは「重要単語」から持ってくるようにしました。

　結果的に、約500個の「最重要単語」と約100個の「重要単語」を10曲のなかに散りばめることに成功。また、その単語をただ用いるだけでなく、できる限り入試頻出の形で使うようにしています。凄まじいイマジネーションを必要とする、史上最高に難しいジグソーパズルでした。前作をお聴きになってない方は、大学入試の最重要英単語で構成された歌詞っていったい…童謡みたいなもの？　単語羅列？　と不審に思うでしょうが、歌詞のモチーフは「ゲレンデの恋」「心からの愛」など、普段みなさんが聞いている音楽と変わらないものですよ。

　日本語訳の部分をちょいと抜粋してみると、例えば「冬の訪れ感じさせるラジオからのメロディー　『おとめ座のあなたに今月恋のチャンスが』」(『Winter's Love Opportunity』)「海が次第に染まる夕暮れ　水平線に見とれてる君」(『Love Song』)という具合です。前作の歌詞は我ながら「芸術作品」ですが、今回はそれを越えた「神業」ではないかとさえ思っています。もう一度同じ歌詞を作れと言われても、はっきり言って無理でしょう。

　なお、作詞の際に、英語としての自然さに目をつぶっている部分が幾つかあります。例えば、meetを使った方が自然な英語だろうなぁというところでencounterを使ってみたり、carryの方が自然だろうなぁというところでconveyを使ってみたり。

ケイン：普通はこれならcarryを使う方が自然でしょ。
泉　　：分かってるよ。でも、carryじゃなくてconveyを使いたいんだ。
ケイン：文法的には正しいし、こういう言い方ももちろん可能だけど、
　　　　まわりくどい表現だなぁ。まぁOKかな。
泉　　：じゃあ次の文を。

　という具合のやりとりを重ねつつ、ネイティブチェックを入れてもらい

ました。もっとも、大学入試で使われる表現は堅いものが多いので、「大学入試的にはむしろこっちの方が自然だったりして…」なんて思わなくもなかったり。

次は作曲です。もちろん、『歌って覚える 英文法完全制覇』同様、あの国民的アイドルSMAPへも楽曲提供している、次代を担うヒットメーカーの児島啓介に依頼。また、前作ではアレンジとサウンド・プロデュースに専念していただいた江藤雅樹にも、今回は3曲作ってもらいました。さすがはこの企画を影で支えてくれているサウンド・プロデューサーだけあって、コンセプトを熟知していますね。江藤雅樹の曲もいいですよ！　この2人のおかげで、前作に勝るとも劣らない名曲ぞろいです！　言うまでもなく、アレンジも前作同様、メジャークオリティーのものを用意いたしました。

歌うのはやはり前作同様The Rooters！　このプロジェクトのために結成された豪華スペシャル・ユニットです。新メンバーやゲストも加え、さらに充実のラインアップですよ！　ちなみに、『歌って覚える』シリーズは、「大学入試で点を採ること」が目的なので、日本人の耳にメロディーが残りやすいよう、今回もあえて日本人に歌ってもらっています。

このようにして出来上がった、アルバム『ココから世界に通じてるpart 2』の全10曲は聴いていただければ分かるとおり、普通にオリコン上位を狙えるJ-POPのCDアルバムで、「えっ？　これが受験参考書？」と思われるのではないでしょうか。でも、正真正銘、本格的な受験参考書です。つまり、最高の音楽を聴いて歌うだけで、受験に必要な最重要単語の「意味」と「使い方」を同時に暗記できるという夢のような参考書。『歌って覚える英文法完全制覇』と同じく、「最後の切り札」です。

こうして、英単語の学習をこのうえない効率で実現できる、史上最強の単語集が完成しました！「それだけでも十分売れる参考書」と「それだけでも十分売れるCDアルバム」、この本&CDを使って、国際社会で世界にはばたけるだけの英語力を備えた人が、ひとりでも多く出てきてくれることを切に祈っています！

　　　　　　　　　　　　　　　　　　　　　　　　　　　泉　忠司

本書の効果的な使い方

「理解したうえでの例文暗記」が英語学習の王道です。歌詞の英文がなぜそういう日本語訳になるのかということを、本書の記述を参考にしつつ、徹底的に「理解」してください。『英単語完全制覇』ですので、構文や文法面での理解に対する負担をできるだけ軽減できるよう、比較的簡単な構造の文を多用して歌詞を作っていますが、もし疑問があれば、必ず辞書や『歌って覚える 英文法完全制覇』で確認してくださいね。

「理解」できたら次は「暗記」です。付属CDをおおいに活用しつつ、例文暗記に励んでください。普段の学習では、とにかく文を覚えるように。

そして、試験直前期になれば、覚えた例文のチェックをしつつ、その一方で、収録している見出しの単語や、その派生語の「意味」を片端から頭に詰め込むような学習をするといいですね。特に重要なものや注意すべきものは青字にしてありますが、派生語なども大事なものばかりですので、できるだけ目を通してください。

ちなみに、CDには前作同様の細工を施しています。英語と日本語が交互に並ぶ歌詞構成ですが、スピーカーの出力を完全に左右に振り分けていて、左側のスピーカーから日本語が、右側のスピーカーから英語が流れてくるようになっています。つまり、ウォークマンやiPodなどで聴くときに、左のイヤホンだけを耳に入れると、日本語部分を聴いて英語部分を暗唱できる(歌える)ように、逆にすると、英語を聴いて日本語訳を言える(歌える)ようになっています。これで隙間時間にもバッチリ練習できますね。どんどん聴いて、どんどん歌って、英単語完全制覇してください!

もちろん、CDを普通に聴いて楽しむという使い方も可能ですよ♪

本文中の記号

名 …名詞	助 …助動詞		
動 …動詞	接 …接続詞		
(自)…自動詞	接頭 …接頭語		
(他)…他動詞	( )…省略可能	Suppose (that) ~はSuppose ~でも Suppose that~でもOKということ
形 …形容詞			
副 …副詞	[ ]…置換可能	in contrast to [with] Aはin contrast to Aでも in contrast with AでもOKということ
前 …前置詞			

「歌って覚える　英単語完全制覇」

Contents

はじめに
　「泉式英単語学習術」と
　『歌って覚える　英単語完全制覇』は、なぜスゴいのか　3

本書の効果的な使い方　14

Part 1　**Winter's Love Opportunity**　19

Part 2　**all the best**　33

Part 3　**Our Home ― the earth ―**　45

Part 4　**Economist in Love**　57

Part 5　**the time I …**　75

Part 6　**next to you**　91

Part 7　**with my shaker**　101

CONTENTS

Part 8　**Escape from the Crisis!**　115

Part 9　**urban romance**　127

Part 10　**Love Song**　139

その他の単語（1）
　最重要だけど、歌詞に収録しきれなかった単語　153

その他の単語（2）
　一見簡単だけど、いろんな意味を持つ単語　183

あとがき　198

『ココから世界に通じてる part 2 』歌詞カード　203

INDEX　214

Artists　223

本文イラスト	小林フミ
本文デザイン＆DTP	ハッシィ

Part 1

Winter's Love Opportunity

1 Tunes on the radio make me realize winter has come.

ラジオからのメロディーが、冬が来たとわたしに悟らせる
→冬の訪れ感じさせるラジオからのメロディー

- □ tune
  [tjúːn]
  名 曲、メロディー、調和
  動(他) (番組にチャンネル)を合わせる、〜を調和させる
  be in tune with A「Aと合っている」
  out of tune「調子のはずれた」

- □ make
  [méik]
  動(他) 〜を作る、〜になる、〜を(〜の)状態にする、〜に(〜)させる

- □ realize
  [ríːəlàiz]
  動(他) 〜を悟る、〜に気づく、〜を実現する
  - □ reality 名 現実、本質
    in reality「実は、現実には」
  - □ real 形 本当の、現実の
  - □ realistic 形 現実的な
  - □ really 副 本当に、実際に
  - □ realization 名 実現

2 "Love's opportunity will be in store for Virgo this month."

「今月、愛のチャンスがおとめ座に訪れようとしています」
→「おとめ座のあなたに今月恋のチャンスが」

- □ opportunity
  [àpərtjúːnəti]
  名 機会、チャンス

- □ store
  [stɔ́ːr]
  名 蓄え、店
  動(他) 〜を蓄える
  in store for A「Aに備えて」「Aに起ころうとして」
  - □ storage 名 貯蔵、保管

Part 1　Winter's Love Opportunity

3. The weather forecast says it's supposed to be good this weekend.

今週末はいい天気になるはずだと天気予報が言っている
→天気予報によると、今週末はいい天気

- □ forecast
  [fɔ́:rkæst]
  - 名 予報、予測
  - 動 (他) 〜を予報する

- □ suppose
  [səpóuz]
  - 動 (他) 〜だと思う、〜だと仮定する、〜だと想像する、
  - be supposed to V「Vするということになっている」
  「〜するはずだ」
  - Suppose (that) 〜 = Supposing (that) 〜「もし〜だとすれば」
  - □ supposedly 副 たぶん、おそらく
  - □ supposition 名 仮定、推測

4. Slipping out of my daily routine, I slide through curtains of clouds.

日常の決まりきった作業から滑り出し、雲のカーテンを滑り抜ける
→日常のルーティーン抜け出し、雲のカーテン滑り抜ける

- □ slip
  [slíp]
  - 動 (自) 滑る、(責任などを)逃れる
  - (他) 〜をなめらかに滑らせる
  - 名 滑ること

- □ routine
  [ru:tí:n]
  - 名 決まりきった仕事、日課
  - 形 決まりきった、日常の、いつもの

- □ slide
  [sláid]
  - 動 (自) なめらかに滑る　(他) 〜を滑らせる
  - 名 滑ること

- □ cloud
  [kláud]
  - 名 雲
  - 動 (他) 〜を曇らせる　(自) 曇る

5. The contrast between sky blue and white snow

スカイブルーと白い雪の対比が
→空の青と雪の白のコントラスト

[歌詞の次の行とセットになってひとつの文]

□ contrast
[kántræst]

名 対比
in contrast to [with] A「Aと対照的に」
in [by] contrast「これに対して」

6. convinces me of a meeting with my ideal man.

わたしの理想の人との出会いを確信させる
→理想の人との出会いを確信させる

□ convince
[kənvíns]

動(他) 〜を納得させる、〜を確信させる
convince A of B「AにBを確信させる」
convince A that 〜「Aに〜を確信させる」
be convinced of A「Aを確信している」
□ conviction 名 確信、信念
□ convincing 形 説得力のある

□ ideal
[aidíːəl]

形 理想的な
名 理想
□ idealism 名 理想主義
  ⇔ realism 名 現実主義

7. A piercing glance made me feel the fate.

刺すような視線がわたしに運命を感じさせる
→運命感じさせる刺すような視線

□ pierce
[píərs]

動(他) 〜を貫く、〜を刺す、〜の身にしみる

22

Part 1　Winter's Love Opportunity

□ glance
[glǽns]
名 ちらりと見ること
動(自) ちらりと見る
at a glance「一見して」
at first glance「初めて見て」
glance at A「Aをちらりと見る」

□ fate
[féit]
名 運命
□ fatal 形 致命的な、運命を決する
□ fateful 形 運命を決する、重大な、運命に支配された

8 My instincts regard him as my future husband.

わたしの本能は彼を未来の夫とみなす
→本能は彼こそ未来の夫とみなす

□ instinct
[ínstiŋkt]
名 本能、直感、天性
□ instinctive 形 本能的な、本能の
□ instinctively 副 本能的に

□ regard
[rigá:rd]
動(他) ～をみなす、～を評価する
名 敬意、配慮、考慮、関心
regard A as B「AをBとみなす」
with [in] regard to A「Aに関しては」
regardless of A「Aに関係なく」
regarding A「Aに関して」

□ future
[fjú:tʃər]
名 未来、(形容詞的に)未来の
□ present 名 現在
□ past 名 過去

□ husband
[hʌ́zbənd]
名 夫 ⇔ wife 名 妻

23

9 He is likely to have an excellent girl friend.

彼は素晴らしい彼女を持っていそうである
→素敵な彼女がいる可能性が大

□ likely
[láikli]
形 ありそうな、～しそうな、本当らしい
　　⇔ unlikely 形 ありそうにない、～しそうにない
副 たぶん
be likely to V「Vしそうである」
It is likely that ～「～しそうである」
□ likelihood 名 可能性、見込み

□ excellent
[éksələnt]
形 すばらしい、優れた、優秀な
□ excel 動(自) 優れている、より勝る
　　　　　(他) ～より優れている
□ excellence 名 優秀さ

10 I don't mind. I'll make an advance and force my way !

気にしない。前進して、私の道を無理にも押し進もう！
→気にしない。前進あるのみ、強行突破！

□ mind
[máind]
動(自) 気にする、心配する
　　(他) ～を気にする、～を嫌がる
名 精神、知性、関心、人
mind Ving「Vするのを嫌がる」
Would you mind Ving？「Vしていただけませんか？」
Do you mind if I V「Vしてもいいですか？」
(答え方に注意。直訳すると「～するのを嫌がりますか？」という意味なので、OKの場合はNo、NGの場合はYesで答える)
Never mind.「気にするな」(Don't mind.とは言わない。
Don't mind me.で「おかまいなく」という使い方はあり)

Part 1　Winter's Love Opportunity

□ advance [ədvǽns]	名 前進、進歩、昇進、(形容詞的に) 前もっての 動(自) 前進する 　(他) 〜を前進させる in advance「前もって」「事前に」 □ advanced　形 進歩した、上級の □ advancement　名 進歩、昇進
□ force [fɔ́ːrs]	動(他) 〜を強いる、〜を強制する 名 力、暴力、軍隊 be forced to V「Vするのを強制される」「Vせざるをえない」 force A's way「押し進む」「無理やり進む」 □ forcible　形 強制的な、説得力のある □ enforce　動(他) (法律・規則など) を施行する、 　　　　　　(行為・状態など) を強要する
□ way [wéi]	名 道、方法、観点、距離、方向

11　A gentle slope to the galaxy is filled with romance.

銀河への穏やかな坂はロマンスに満ちている
→銀河に続くなだらかなスロープ、愛にあふれてる

□ gentle [dʒéntl]	形 優しい、親切な、穏やかな □ gently　副 優しく、穏やかに
□ slope [slóup]	名 坂、斜面、スロープ
□ galaxy [gǽləksi]	名 銀河
□ fill [fíl]	動(他) 〜をいっぱいにする、〜を満たす

25

12 I consider snow as a screen on which to show various legends.

わたしは雪を、そのうえに様々な伝説を写すべきスクリーンだとみなす
→雪はいろんな伝説映すスクリーンだと思う

□ consider
[kənsídər]

動(他) ～を考える、～を考慮する、～を(…と)みなす
consider A (as) B「AをBとみなす」
all things considered「すべてを考慮に入れると」
□ consideration 名 考慮、思いやり
　take into consideration「Aを考慮に入れる」
□ considerate 形 思いやりのある
□ considerable 形 かなりの
□ considering 前 ～を考慮すると

□ various
[véəriəs]

形 様々な
□ vary 動(自) 変わる　(他) ～を変える（P.87参照）
□ variation 名 変化
□ variety 名 多様性

□ legend
[lédʒənd]

名 伝説、言い伝え
□ legendary 形 伝説上の、伝説の

13 Stars in the whole sky encourage me to pursue a dramatic love.

空全体の星々が、劇的な愛を追い求めるようにと、わたしを勇気づける
→ドラマのような恋求む勇気くれる満天の星

□ whole
[hóul]

形 全体の、まるまるの、すべての

□ encourage
[inkə́:ridʒ]

動(他) ～を勇気づける、～を励ます、～を促進する
⇔ discourage 動(他)～の勇気をくじく、～のやる気をそぐ。
　discourage A from Ving「AにVする気をなくさせる」

Part 1　Winter's Love Opportunity

encourage A to V 「VするようAを勇気づける」「AにVするよう励ます」
□ encouragement 名 励まし、激励、促進
□ encouraging 形 励みになる

□ pursue
[pərsjúː]
動(他) ～を追い求める、～を追求する、(仕事など)を続ける
□ pursuit 名 追求、追跡、研究
　in pursuit of A 「Aを求めて」

□ dramatic
[drəmǽtik]
形 劇的な、劇の、芝居じみた
□ dramatically 副 劇的に
□ drama 名 劇、戯曲、脚本、ドラマ
□ dramatist 名 劇作家

14　I'm not afraid of taking a risk or getting a heart ache.

わたしは危険を冒すことや、心の痛みを得ることを恐れない。
→リスクを冒すのも心傷つくのも怖くない

□ afraid
[əfréid]
形 ～を恐れて、～を怖がって、気遣って
be afraid of A 「Aを恐れる」
be afraid about A 「Aのことを心配する」
be afraid to V 「怖がってVできない」

□ risk
[rísk]
名 危険、危険性
動(他) ～を危険にさらす、～を覚悟で行動する
at the risk of A 「Aの危険を冒して」
run the risk of A 「Aの危険を冒す」
□ risky 形 危険な

□ ache
[éik]
名 痛み、(複合語で)…痛(headache [頭痛]、toothache[歯痛]など)
動(自) 痛む

15 Using the edges of my skies, I aim at my target.

スキーのエッジを使って、わたしはわたしのターゲットを狙う
→エッジを使い、ターゲットに狙いを定める

□ edge
[édʒ]
　名 縁、へり、刃、(湖などの)ほとり
　be on the edge of A 「Aの瀬戸際にある」

□ aim
[éim]
　動 (自)[at] 狙う、目指す
　　(他) 〜を(…に)向ける
　名 目標、意図、狙い
　aim at A 「Aを狙う」
　aim to V 「Vすることを目指す」
　be aimed at A 「A向けである」「Aを目指している」

□ target
[tá:rgit]
　名 的、標的、対象

16 He must require an intimate relationship with me.

彼はわたしとの親密な関係を必要としているに違いない
→彼だってわたしと仲良くしたいはず

□ require
[rikwáiər]
　動 (他) 〜を必要とする、〜を要求する
　□ requirement　名 必要なもの、必要条件

□ intimate
[íntəmit]
　形 親密な (性的なニュアンスを含む)
　□ intimacy　名 親密さ

□ relationship
[riléiʃənʃip]
　名 関係
　□ relate　動 (自) 関係がある
　　　　　　(他) 〜を関係づける、〜を話す
　be related to A 「Aと関係がある」

- [ ] related 形 関係した、関連のある
- [ ] relation 名 関係

17 Passion enables me to acquire an appointment with him.

情熱はわたしが彼との約束を獲得することを可能にする
→情熱あればあの人とのアポ取れる

- [ ] passion
  [pǽʃən]

  名 情熱、激情、愛情
  - [ ] passionate 形 情熱的な、熱烈な
  - [ ] passionately 副 情熱的に

- [ ] enable
  [inéibl]

  動(他) 〜を可能にする
  enable A to V「AがVすることを可能にする」

- [ ] acquire
  [əkwáiər]

  動(他) 〜を獲得する、〜を習得する
  - [ ] acquisition 名 獲得、習得
  - [ ] acquired 形 後天的な、習得された
    ⇔ inborn / inherent 形 生まれつきの、先天的な

- [ ] appointment
  [əpɔ́intmənt]

  名 約束、予約、任命
  have an appointment with A「Aと約束している」
  - [ ] appoint 動(他) (時間・場所など)を指定する、
    〜を任命する
  - [ ] appointed 形 約束した、任命された
    the appointed time 「約束の時間」

18 I recognize that I actually have a modest mental character.

実はわたしは謙虚な精神の特徴を持っていると、わたしは認める
→実は精神的に控えめなわたし

- **recognize**
  [rékəgnàiz]
  動(他) 〜を認める、〜だと分かる
  - recognition 名 認識、承認
  - recognizable 形 見分けのつく

- **actually**
  [ǽktʃuəli]
  副 実は、実際は、実際に
  - actual 形 実際の、現実の

- **modest**
  [mádist]
  形 謙虚な、控えめな、質素な、わずかな
  ⇔ arrogant 形 うぬぼれた、虚栄心の強い
  - modesty 形 謙虚さ

- **mental**
  [méntl]
  形 精神の、心の、知的な
  ⇔ physical 形 肉体の
  - mentality 名 思考方法、心的傾向、知性
  - mentally 副 精神的に

- **character**
  [kǽrəktər]
  名 性格、特徴、登場人物、人物、文字
  national character「国民性」
  Chinese character「漢字」
  Roman character「ローマ字」
  - characterize 動(他) 〜を特徴づける
  - characteristic 形 特有な、特徴的な

19 However, sometimes I can be unbelievably brave and bold.

しかしながら、時々、わたしは信じられないほど勇敢で大胆である
→でも時に、信じられないほど大胆不敵

- □ however
  [hauévər]
  - 副 しかしながら、どんなに～しようとも

- □ sometimes
  [sʌ́mtàimz]
  - 副 時々
  - □ sometime 副 いつか、ある時

- □ unbelievably
  [ʌ̀nbəlíːvəbli]
  - 副 信じられないことに
  - □ unbelievable 形 信じがたい、すごい

- □ brave
  [bréiv]
  - 形 勇敢な、勇ましい
  - □ bravery 名 勇敢さ

- □ bold
  [bóuld]
  - 形 大胆な、(線が)太い

20 I'll seize the opportunity winter has offered me.

冬がわたしに提供した機会をわたしはつかむだろう
→つかんでみせるわ、冬がくれたこのチャンス

- □ seize
  [síːz]
  - 動(他) ～をつかむ、～を差し押さえる、～をとらえる

- □ offer
  [ɔ́ːfər]
  - 動(他) ～を提供する、～を申し出る
  - 名 提供、提案、申し出
  - offer to V「Vするよう申し出る」
  - □ offering 名 供え物、献金

歌って覚える英単語

Winter's Love Opportunity

1. Tunes on the radio make me realize winter has come.
2. "Love's opportunity will be in store for Virgo this month."

3. The weather forecast says it's supposed to be good this weekend.
4. Slipping out of my daily routine, I slide through curtains of clouds.

5. The contrast between sky blue and white snow
6. convinces me of a meeting with my ideal man.

7. A piercing glance made me feel the fate.
8. My instincts regard him as my future husband.
9. He is likely to have an excellent girl friend.
10. I don't mind. I'll make an advance and force my way!

11. A gentle slope to the galaxy is filled with romance.
12. I consider snow as a screen on which to show various legends.

13. Stars in the whole sky encourage me to pursue a dramatic love.
14. I'm not afraid of taking a risk or getting a heart ache.

15. Using the edges of my skies, I aim at my target.
16. He must require an intimate relationship with me.

17. Passion enables me to acquire an appointment with him.
18. I recognize that I actually have a modest mental character.
19. However, sometimes I can be unbelievably brave and bold.
20. I'll seize the opportunity winter has offered me.

Part 2

all the best

1. Recently I've been recalling my youthful days.

わたしは最近、若い日々を思い出している
→最近若き日々のことを思い出してる

- □ recently
  [rí:sntli]
  - 副 最近
  - □ recent 形 最近の

- □ recall
  [rikɔ́:l]
  - 動(他) ～を思い出す、～を回収する
  - 名 リコール

- □ youthful
  [jú:θfəl]
  - 形 若々しい、若い、若い時の
  - □ youth 名 若者、青春時代、若々しさ

2. I competed with my friend for a girl that summer, a long time ago.

遠い昔のあの夏、わたしは友人とひとりの女の子を争った
→女の子を友だちと争った遠い夏

- □ compete
  [kəmpí:t]
  - 動(自) 競争する、匹敵する
  - compete with A 「Aと競争する」
  - □ competition 名 競争
  - □ competitive 形 競争の激しい
  - □ competitor 名 競争相手

3. Her mature shape raised my temperature.

彼女の成熟した姿はわたしの体温を高くした
→熟れた姿は僕の体温高くした

- □ mature
  [mətjúər]
  - 形 成熟した、熟した、大人の
    - ⇔ immature 形 未熟な、大人げない
  - 動 (自) 成熟する、大人になる
    - (他) ～を成熟させる

Part 2　all the best

- [ ] shape　　　　　名 形、姿、調子
  [ʃéip]　　　　　動(他) 〜を形作る
  　　　　　　　　be in (good) shape「体調がいい、いい状態である」

- [ ] raise　　　　　動(他) 〜を上げる、〜を育てる、
  [réiz]　　　　　　　　　(問題・質問・要求など)を提起する
  　　　　　　　　名 上げること、値上げ

- [ ] temperature　名 気温、体温、温度
  [témpərətʃuər]

4. She was a delicate, sensitive, and positive girl.

彼女は繊細で、敏感で、積極的である
→繊細で敏感そしてポジティブな彼女

- [ ] delicate　　　形 繊細な、(問題などが)微妙で扱いにくい
  [délikət]　　　　- [ ] delicacy　名 繊細さ、かよわさ、微妙さ

- [ ] sensitive　　 形 敏感な、影響を受けやすい、神経質な
  [sénsətiv]　　　 be sensitive to A「Aに敏感である」
  　　　　　　　　- [ ] sensible　形 賢明な、分別のある
  　　　　　　　　- [ ] sensitivity　名 敏感さ、感受性

- [ ] positive　　　形 積極的な、肯定的な、前向きの、明確な
  [pázətiv]　　　　　⇔ negative　形 否定的な(P.180参照)
  　　　　　　　　- [ ] positively　副 きっぱりと、確かに

5. To get her, I betrayed and injured my best friend's feelings.

彼女を手に入れるために、わたしは親友の気持ちを裏切り、傷つけた
→その子ゲットするために、親友裏切り傷つけた

- [ ] betray
  [bitréi]
  - 動(他) ～を裏切る、(秘密など)をもらす、～をうっかり表に出す
  - [ ] betrayal 名 裏切り、暴露
  - [ ] betrayer 名 裏切り者

- [ ] injure
  [índʒər]
  - 動(他) ～を傷つける、～に怪我をさせる
  - [ ] injury 名 負傷、傷害
  - [ ] injurious 形 有害な

6 I took it for granted that he would understand my feelings.

わたしは、彼がわたしの気持ちを理解するのを当然だと思っていた
→僕の気持ち分かってくれて当然と思ってた

- [ ] grant
  米[grǽnt]
  英[grάːnt]
  - 動(他) ～を認める、～を与える、(願いなど)を叶えてやる
  - 名 授与されたもの、補助金
  - take A for granted「Aを当然と思う」
  - take it for granted that ～「～を当然だと思う」

7 But he insisted that I had neglected my duty as a friend.

しかし彼は、わたしが友人としての義務を無視したと強く主張した
→でも友は僕が義理を無視したと強く主張

- [ ] insist
  [insíst]
  - 動(他) ～と(強く)主張する、～と言い張る
  - insist on A「Aを強く主張する」
  - [ ] insistence 名 強く主張すること
  - [ ] insistent 形 しつこい、ぜひとも～したがって

- [ ] neglect
  [niglékt]
  - 動(他) ～を無視する、～を怠る、～の世話をしない
  - 名 怠慢、無視、不注意、放置
  - [ ] negligent 形 怠慢な
  - [ ] negligible 形 無視できる、取るに足らない

Part 2　all the best

- duty
  [djúːti]

  名 義務、義理、任務、関税
  on duty「勤務中の」
  off duty「非番の」
  - duty-free 形 免税の
    　　　　　　副 免税で
    　　　　　　名 免税品

8. I was confused by his anger but now I wish him all the best.

わたしは彼の怒りに当惑したが、いま彼の幸運を祈っている
→その怒りに困惑したが、彼の幸運いま祈る

- confuse
  [kənfjúːz]

  動 (他) 〜を混同する、〜を当惑させる
  confuse A with B「AをBと混同する」
  - confusion 名 混同、混乱、当惑
  - confused 形 混乱した、当惑した
  - confusing 形 混乱させる、当惑させる

- anger
  [ǽŋgər]

  名 怒り
  in anger「怒って」
  - angry 形 怒った
    be angry about A「A(もの・こと)に怒る」
    be angry at [with] A「A(人)に怒る」

9. I dreamed of becoming a politician, particularly the Foreign Minister.

わたしは政治家、特に外務大臣になることを夢見ていた
→政治家になるの夢見てた、特に外相

- politician
  [pàlətíʃən]

  名 政治家
  - politics 名 政治、政治学 (P.58参照)
  - political 形 政治の、政治的な

□ particularly [pərtíkjulərli]	副 特に □ particular 形 特定の、格別の、好みがうるさい 　　　　　　名 (個々の)項目、(particularsで)詳細 be particular about A「Aについての好みがうるさい」 in particular「特に」
□ foreign [fɔ́:rin]	形 外国の ⇔ domestic 形 国内の、国産の (P.98参照) □ foreigner 名 外国人
□ minister [mínistər]	名 大臣、牧師 □ ministry 名 (政府の)省

10 I stated my honest opinion to a large audience.

わたしはわたしの正直な意見をたくさんの聴衆に述べた
→正直な意見を聴衆に話す

□ state [stéit]	動(他) 〜を述べる 名 州、状態、心理状態、国家
□ honest [ánist]	形 正直な、誠実な ⇔ dishonest 形 不誠実な □ honesty 名 正直、誠実
□ opinion [əpínjən]	名 意見、考え、考え方、評価 have a 〜 opinion of A「Aに対して〜な評価をする」
□ audience [ɔ́:diəns]	名 聴衆、観客、視聴者

Part 2　all the best

11　I focused on a specific topic, warning the crowd of its dangers.

わたしは特定の話題に焦点を合わせ、群集にその危険性を警告した
→特定の話題に焦点合わせ、警告

□ focus
[fóukəs]
- 動(他) ～に焦点を合わせる
- (自)[on] (～に)焦点が合う、(～を)重点的に扱う
- 名 焦点
- focus on A「Aに焦点を当てる」

□ specific
[spəsífik]
- 形 特定の、具体的な、明確な
- □ specify 動(他) ～を明細に述べる
- □ specifically 副 特に、明確に
- □ specifics 名 詳細
- □ specification 名 詳述

□ topic
[tápik]
- 名 話題、トピック
- □ topical 形 いま話題の

□ warn
[wɔ́ː(r)n]
- 動(他) ～に警告する
- warn A of B「AにBを警告する」
- □ warning 名 警告、警報、注意

□ crowd
[kráud]
- 名 人ごみ、群集
- 動(他) ～に群がる
- (自) 群がる
- □ crowded 形 込み合った、混雑した、満員の

□ danger
[déindʒər]
- 名 危険、危険性
- □ dangerous 形 危険な

12 I captured many votes, but contrary to my expectations, I lost the election.

わたしは多くの票を獲得したが、わたしの予想に反して、選挙に負けた
→多くの票を獲得も、予想に反し落選

- capture
  [kǽptʃər]
  - 動(他) 〜を捕える、〜を獲得する
  - 名 捕獲すること、捕獲物
  - □ captive 形 捕われた、とりこになった

- vote
  [vóut]
  - 名 投票、票、選挙権
  - 動(自) 投票する
  - vote for A「Aに賛成の票を入れる」
  - vote A down「Aを投票で否決する」

- contrary
  [kántreri]
  - 副 (〜に)反して
  - 形 反対の、(〜に)反する
  - 名 逆、反対
  - contrary to A「Aに反して」
  - on the contrary「それどころか」
  - to the contrary「それと反対に」

- expectation
  [èkspektéiʃən]
  - 名 予想、期待
  - □ expect 動(他) 〜を予想する、〜を予期する、〜を期待する (P.150参照)

- election
  [ilékʃən]
  - 名 選挙
  - □ elect 動(他) 〜を選挙で選ぶ、〜を選ぶ
    - elect A B「AをBに選ぶ」

Part 2　all the best

13 The majority of the citizens didn't approve of my political reforms.

市民の大多数がわたしの政治改革を承認しなかった
→大多数が僕の改革に賛同しなかった

- □ majority
  [mədʒɔ́:rəti]
  - 名 大多数、過半数
    - ⇔ minority　名 少数、少数民族
  - □ major　動(自) (〜を)専攻する (P.58参照)
    - 形 主要な

- □ citizen
  [sítəzn]
  - 名 市民
  - □ citizenship　名 市民権

- □ approve
  [əprú:v]
  - 動(自)[of] 承認する
    - (他) 〜を承認する、〜に賛成する
    - ⇔ disapprove　動(自)不賛成である (他)〜に不賛成である
  - approve of A 「Aを承認する」「Aに賛成する」
  - □ approval　名 承認、賛成

- □ reform
  [ri:fɔ́:rm]
  - 名 改革
  - 動(他) 〜を改革する、〜を改善する

14 But I admit that my career as a writer began then.

しかし、わたしの作家としての経歴はあの時始まったと認める
→でも僕の作家人生あの時から始まった

- □ admit
  [ədmít]
  - 動(他) 〜を認める、〜に入場[入学]を認める
    - ⇔ deny　動(他) 〜を否定する (P.157参照)
  - □ admission　名 入場、入学、入会、入場料

- □ career
  [kəríər]
  - 名 経歴、職業、出世

15. I now have great influence on the nation and I wish them all the best.

いまわたしは国民に大きな影響力を持ち、彼らの幸運を祈っている
→いま国民に影響を持ち、皆の幸運祈る

- □ influence [ínflu:əns]
  - 名 影響、影響力
  - 動 (他) 〜に影響を及ぼす
  - have an influence on A「Aに影響を及ぼす」
  - □ influential 形 影響力のある、有力な

- □ nation [néiʃən]
  - 名 国、国民
  - □ national 形 国の、国民の
  - □ nationality 名 国籍
  - □ nationalism 名 民族主義、国家主義

16. Despite some failures, my life is full of love and happiness.

いくつか失敗はあったけど、わたしの人生は愛と幸せに満ちている
→失敗あるけど、僕の道、愛と幸せ満ちている

- □ despite [dispáit]
  - 前 〜にもかかわらず ＝ in spite of

- □ failure [féiliər]
  - 名 失敗
  - □ fail 動 (自)[in] (〜に)失敗する
         (他) 〜を怠る、〜しない、〜の役に立たない
    - fail in A「Aに失敗する」
    - fail to V「Vしない」
    - never fail to V「必ずVする」
    - without fail「必ず」

Part 2 | all the best

17. Over and again I encounter someone new and leave another. I wish them all the best.

幾度となく、わたしは新しい誰かと出会い、別の人(のもと)を去る。わたしは彼らの幸運を祈っている
→出会いと別れ繰り返し、皆の幸運いま祈る

□ encounter
  [inkáuntər]
  動(他) ～に偶然出会う、～に直面する
  名 出会い

□ leave
  [líːv]
  動(他) ～を去る、～を置き去る、～を置き忘れる、
      ～を(…の状態に)しておく、～を任せる
    (自)出発する、辞職する
  名 休暇
  leave A「Aを去る」
  leave for A「Aに向けて出発する」
  leave A for B「Aを見捨てて、Bに行く」「Aを出発してBに向かう」
  leave A alone「Aを放っておく」
  leave A behind「Aを置き忘れる」「Aを置き去りにする」

18. I fell in and out of love many times. I wish them all the best.

わたしは何度も恋をしては別れた。わたしは彼女たちの幸運を祈っている
→恋とサヨナラ繰り返し、皆の幸運いま祈る

□ out of
  [áutəv]
  前 ～の(中から)外に
    ⇔ into 前 ～の(外から)中に

歌って覚える英単語

all the best

1. Recently I've been recalling my youthful days.

2. I competed with my friend for a girl that summer, a long time ago.

3. Her mature shape raised my temperature.
4. She was a delicate, sensitive, and positive girl.

5. To get her, I betrayed and injured my best friend's feelings.

6. I took it for granted that he would understand my feelings.
7. But he insisted that I had neglected my duty as a friend.
8. I was confused by his anger but now I wish him all the best.

9. I dreamed of becoming a politician, particularly the Foreign Minister.

10. I stated my honest opinion to a large audience.
11. I focused on a specific topic, warning the crowd of its dangers.

12. I captured many votes, but contrary to my expectations, I lost the election.

13. The majority of the citizens didn't approve of my political reforms.
14. But I admit that my career as a writer began then.
15. I now have great influence on the nation and I wish them all the best.

16. Despite some failures, my life is full of love and happiness.
17. Over and again I encounter someone new and leave another.
    I wish them all the best.
18. I fell in and out of love many times. I wish them all the best.

Part 3

Our Home —the earth—

| □ earth [ə́:rθ] | 名 (the earthの形で) 地球 |

1. A primitive stream runs through the plain.

> 原始的な小川が平原を通って流れる
> →草原を流れる太古の小川

| □ primitive [prímətiv] | 形 原始的な、原始の |

| □ stream [strí:m] | 名 小川、流れ
動(自) 流れる |

| □ through [θrú:] | 前 〜を通り抜けて、〜を通って |

| □ plain [pléin] | 名 平地、平野
形 平易な、明白な、単純な
□ plainly 副 はっきりと、明白に |

2. The calm ocean creates the origin of our cells.

> 静かな海はわたしたちの細胞の起源を生み出す
> →細胞の起源生み出す静かな海

| □ calm [ká:m] | 形 静かな、冷静な、穏やかな
動(自) 落ち着く
　(他) 〜を落ち着かせる |

| □ ocean [óuʃən] | 名 (the oceanの形で) 海 |

Part 3　Our Home — the earth —

- □ create
  [kriéit]

  動(他) ～を創造する、～を作り出す
  - □ creation 名 創造
  - □ creature 名 生き物
  - □ creator 名 創造者
  - □ creative 形 創造的な

- □ origin
  [ɔ́:rədʒin]

  名 起源、生まれ
  - □ original 名 原物、本物　⇔ copy / imitation 名 模造品
              形 本来の、(芸術作品などが)原物の、独創的な
  - □ originality 名 独創性
  - □ originate 動(自)起こる　(他)～を起こす

- □ cell
  [sél]

  名 細胞、電池

3　Some species become extinct, while others survive.

幾つかの種は絶滅し、その一方で他のものは生き残る
→絶滅する種に生き残る種

- □ species
  [spí:ʃi:z]

  名 種 (単数・複数同形)

- □ extinct
  [ikstíŋkt]

  形 絶滅した
  - □ extinction 名 絶滅

- □ survive
  [sərváiv]

  動(自)生き残る
  　(他) ～より長生きする、～を切り抜けて生きる
  - □ survival 名 生存
  - □ survivor 名 生存者

4. We trace our ancestors back to ancient civilization.

わたしたちは古代文明まで祖先の跡をたどる
→古代文明まで祖先を辿る

- □ trace
  [tréis]
  - 動(他) ～の跡をたどる
  - (自)突き止める
  - 名 跡
  - trace back to A 「Aまでさかのぼる」

- □ ancestor
  [ǽnsestər]
  - 名 祖先
  - ⇔ descendant 名 子孫
  - □ ancestry 名 (集合的に) 祖先、家柄

- □ ancient
  [éinʃənt]
  - 形 古代の

- □ civilization
  [sìvəlizéiʃən]
  - 名 文明
  - □ civilized 形 文明化した

5. Conflicts arise then peace is accomplished.

争いが起こり、平和が成し遂げられる
→争いが起こり、平和が訪れる

- □ conflict
  [kánflikt]
  - 名 (意見などの)対立、衝突、争い
  - □ conflicting 形 矛盾した

- □ arise
  [əráiz]
  - 動(自) 生じる、起こる

- □ peace
  [píːs]
  - 名 平和、平穏
  - □ peaceful 形 平和の

Part 3　Our Home —the earth—

| □ accomplish
[əkámpliʃ] | 動(他) ～を成し遂げる、～を達成する
□ accomplishment 名 達成、業績 |

6　Across a permanent river, we exist on this planet.

永久の川を越え、わたしたちはこの惑星に存在する
→悠久の川を超え、この惑☆星に存在する

| □ across
[əkrɔ́ːs] | 前 ～を越えて |

| □ permanent
[pə́ːrmənənt] | 形 永久の
⇔ temporary 形 一時的な |

| □ exist
[igzíst] | 動(自) 存在する、ある
□ existing 形 現存の、今ある
□ existence 名 存在、生活
come into existence「生まれる」 |

| □ planet
[plǽnit] | 名 惑星 |

7　Surrounded by vivid light and vague shadow,

鮮やかな光とあいまいな影に取り囲まれ
→鮮やかな光とあいまいな影に包まれ

［歌詞の次の行とセットになってひとつの文］

| □ surround
[səráund] | 動 ～を取り囲む
□ surroundings 名 環境、状況 |

| □ vivid
[vívid] | 形 鮮やかな、生き生きとした |

☐ light [láit]	名 光
☐ vague [véig]	形 あいまいな、漠然とした
☐ shadow [ʃǽdou]	名 影

8 we seek a precious encounter on the vast land.

わたしたちは広い大地で貴重な出会いを求める
→広い大地でかけがえのない出会いを求める

☐ seek [síːk]	動(他) 〜を求める
☐ precious [préʃəs]	形 貴重な
☐ vast [vǽst, váːst]	形 広大な、莫大な
☐ land [lǽnd]	名 土地 動(自) 上陸する、着陸する

9 The surface of the lake reflects the mountains.

湖の表面は山々を反射する
→山並みを映す湖の水面

☐ surface [sə́ːrfis]	名 表面 形 うわべだけの

Part 3　Our Home — the earth —

- [ ] lake
  [léik]

  名 湖

- [ ] reflect
  [riflékt]

  動 (他) 〜を反射する、〜を反映する
  　(自)[on] 〜についてよく考える
  be reflected in A 「Aに反映される」
  - [ ] reflection 名 反射、反映、熟考
  - [ ] reflective 形 反射した、思慮深い

10 Distant stars in the universe predict our future.

宇宙の遠い星々はわたしたちの未来を予測する
→未来を予測する遠き宇宙の星

- [ ] distant
  [dístənt]

  形 遠い
  - [ ] distance 名 距離

- [ ] universe
  [jú:nəvəːrs]

  名 宇宙、世界
  - [ ] universal 形 普遍的な、宇宙の、世界の
  - [ ] universality 名 普遍性

- [ ] predict
  [pridíkt]

  動 (他) 〜を予言する、〜を予測する
  - [ ] prediction 名 予言、予測
  - [ ] predictable 形 予測できる
    ⇔ unpredictable 形 予測できない

11 A terrible storm destroys the environment.

ひどい嵐が環境を破壊する
→環境を壊す恐ろしい嵐

- [ ] terrible
  [térəbl]

  形 恐ろしい、ひどい
  - [ ] terrify 動 (他) 〜を怖がらせる
  - [ ] terrified 形 おびえた
  - [ ] terrifying 形 恐ろしい

- [ ] storm
  [stɔ́ːrm]

  名 嵐

- [ ] destroy
  [distrɔ́i]

  動(他) ～を破壊する、～を滅ぼす、～を殺す
  - [ ] destruction 名 破壊
  - [ ] destructive 形 破壊的な

- [ ] environment
  [inváiərənmənt]

  名 環境
  - [ ] environmental 形 環境の

12 A disastrous flood wipes out the whole crop.

破壊的な洪水が全作物を拭き去る
→作物すべて拭い去る大洪水

- [ ] disastrous
  [dizǽstrəs]

  形 破壊的な
  - [ ] disaster 名 災害、惨事

- [ ] flood
  [flʌ́d]

  名 洪水
  動 ～にどっと押し寄せる、～を水浸しにする

- [ ] wipe
  [wáip]

  動(他) ～をふく

- [ ] crop
  [krɑ́p]

  名 作物
  動(他) ～を収穫する
  　(自) (作物が)できる

13 Our spirits always overcome any difficulties.

わたしたちの魂はいつもあらゆる困難を乗り越える
→魂はどんな困難も乗り越える

Part 3　Our Home—the earth—

- [ ] spirit
  [spírit]

  名 精神、霊魂
  - [ ] spiritual 形 精神的な、霊的な

- [ ] overcome
  [òuvərkʌ́m]

  動(他) 〜に打ち勝つ、〜を克服する

14 We appeared in the bottom of the profound sea.

わたしたちは深い海の底で現れた
→深遠な海の底で誕生した僕ら

- [ ] appear
  [əpíər]

  動(自) 現れる、〜のように見える
  - [ ] appearance 名 外見、様子

- [ ] bottom
  [bátəm]

  名 底

- [ ] profound
  [prəfáund]

  形 深い、深遠な

15 We go through a severe pain and eternal ease.

わたしたちはひどい痛みと永遠の安らぎを通り抜ける
→激しい痛みと永遠(とわ)の安らぎを通り抜け

- [ ] severe
  [sivíər]

  形 厳しい
  - [ ] severity 名 厳しさ
  - [ ] severely 副 ひどく、厳しく

- [ ] pain
  [péin]

  名 苦痛、骨折り
  take pains to V 「Vしようと骨を折る」
  - [ ] painful 形 痛い、骨の折れる

53

□ eternal [itə́ːrnl]	形 永遠の □ eternity 名 永遠 □ eternally 副 永遠に
□ ease [íːz]	名 安らぎ、安楽、容易なこと □ easy 形 やさしい、たやすい、楽な □ easily 副 容易に、楽に □ easiness 名 容易さ、気楽さ

16 We spread out our hands and live, staring at love.

わたしたちは、愛を見つめながら、両手を広げて生きている
→大きく手を広げ 愛を見つめて生きている

□ spread [spréd]	動 (他) ～を広げる 　(自) 広がる 名 広げること、広がること、広がり
□ stare [stéər]	動 (自)[at] じっと見つめる

歌って覚える英単語

Our Home －the earth－

1. A primitive stream runs through the plain.
2. The calm ocean creates the origin of our cells.

3. Some species become extinct, while others survive.
4. We trace our ancestors back to ancient civilization.

5. Conflicts arise then peace is accomplished.

6. Across a permanent river, we exist on this planet.
7. Surrounded by vivid light and vague shadow,
8. we seek a precious encounter on the vast land.

9. The surface of the lake reflects the mountains.
10. Distant stars in the universe predict our future.

11. A terrible storm destroys the environment.
12. A disastrous flood wipes out the whole crop.

13. Our spirits always overcome any difficulties.

14. We appeared in the bottom of the profound sea.
15. We go through a severe pain and eternal ease.
16. We spread out our hands and live, staring at love.

Our home
□ the earth □

ああ、この惑星(ほし)に生をうけ…

Vast Land

この広い**大地**で…

かけがえのない出会いを求め…

おまたせ♪

←白馬

…てた、はずなのに…

昼メシどーする?!

Part 4

Economist in Love

1 I'm a scholar majoring in economics and politics

私は経済学と政治学を専攻する学者
→私は学者、経済学と政治学専攻

[歌詞の次の行とセットになってひとつの文]

- □ scholar
  [skálər]
  - 名 学者
    - □ scholarly   形 学者の、学問的な
    - □ scholarship   名 奨学金

- □ major
  [méidʒər]
  - 動 (自)[in] 専攻する
  - 形 主要な、大多数の、重要な
    - ⇔ minor   形 (2者のうち)小さい方の、比較的重要でない
  - 名 専攻科目
    - □ majority   名 大多数 (P.41参照)
      - ⇔ minority   名 少数、少数派

- □ economics
  [ìːkənámiks]
  - 名 経済学
    - □ economy   名 経済、節約
    - □ economic   形 経済の
    - □ economical   形 安上がりの、節約できる
    - □ economist   名 経済学者

- □ politics
  [pálətiks]
  - 名 政治、政治学
    - □ political   形 政治の、政治的な
    - □ politician   名 政治家 (P.37参照)

2 with plenty of knowledge but no practical experience.

たくさんの知識とまったくない実際的な経験を持った
→知識は豊富だけど、実践的な経験はない

Part 4　Economist in Love

- [ ] plenty
[plénti]
　名 たくさん
　plenty of A「たくさんのA」

- [ ] knowledge
[nálidʒ]
　名 知識
　to (the best of) A's knowledge「Aの知る限りでは」
　- [ ] know　動(他) 〜を知っている
　- [ ] knowledgeable　形 博学な

- [ ] practical
[præktikəl]
　形 実用的な、実際的な
　- [ ] practically　副 実際的に、ほとんど

- [ ] experience
[ikspíəriəns]
　名 経験、体験
　動(他) 〜を経験する、〜を体験する
　- [ ] experienced　形 経験豊かな

3　I fell in love with an officer engaging in social services.

私は社会事業に従事している役人に恋をした
→社会事業に従事する公務員に恋をした

- [ ] officer
[ɔ́:fisər]
　名 役人、公務員、将校
　- [ ] official　名 役人、公務員
　　形 公の、公式の

- [ ] engage
[ingéidʒ]
　動(他) 〜を従事させる
　　(自)[in] 〜に従事する
　be engaged in A「Aに従事している」
　engage A in B 「AをBに従事させる」
　- [ ] engagement　名 約束、婚約

- [ ] social
[sóuʃəl]
　形 社会の、社交的な、社会的な
　- [ ] society　名 社会

- [ ] sociable 形 社交的な
- [ ] sociability 名 社交性
- [ ] sociology 名 社会学
- [ ] socialize 動(他) 〜を社会化する

- [ ] service
  [sə́ːrvis]

  名 公共事業、業務、サービス

4 He revealed his hope to marry me. I couldn't reply soon.

彼は私と結婚したいという希望を明らかにした。私はすぐに返事ができなかった
→結婚したいと言う彼に、すぐに返事ができなかった

- [ ] reveal
  [rivíːl]

  動(他) 〜を明らかにする、〜を示す
  ⇔ conceal 動(他) 〜を隠す (P.124参照)
  - [ ] revelation 名 暴露、発覚

- [ ] marry
  [mǽri]

  動(他) 〜と結婚する
  - [ ] marriage 名 結婚
  - [ ] married 形 結婚した、既婚の
    be married (to A)「Aと結婚している」(状態を表す)
    get married (to A)「Aと結婚する」(行為を表す)

- [ ] reply
  [riplái]

  動(自) 返事をする
  名 返事、答え
  reply to A「Aに返事をする」

5 I organized the conference and debated on his proposal.

私は会議を組織して、彼の申し込みについて議論した
→会議を組織し、プロポーズについて議論

- [ ] organize
  [ɔ́ːrɡənàiz]

  動(他) 〜を組織する、〜をまとめる、〜を体系づける
  - [ ] organization 名 組織

Part 4　Economist in Love

- [ ] conference　名 会議、協議
  [kάnfərəns]

- [ ] debate　動(自)[on / about] 討論する　(他) ～を討論する
  [dibéit]　　名 討論、議論

- [ ] proposal　名 提案、申し込み、プロポーズ
  [prəpóuzəl]
  - [ ] propose　動(他) ～を提案する、(～に結婚)を申し込む
  - [ ] proposition　名 提案、申し込み、命題

6　Obeying our philosophy and policy, we reached the conclusion

私たちの哲学と政策に従い、私たちは結論に達した
→哲学と政策に従い、結論に達す

[歌詞の次の行とセットになってひとつの文]

- [ ] obey　動(他) ～に従う、～を守る
  [əbéi]
  - [ ] obedient　形 従順な、おとなしい
  - [ ] obedience　名 服従

- [ ] philosophy　名 哲学、原理、人生観
  [filάsəfi]
  - [ ] philosophical　形 哲学的な
  - [ ] philosopher　名 哲学者

- [ ] policy　名 政策、方針、手段
  [pάləsi]

- [ ] reach　動(他) ～に着く、～に達する　(自) 手を伸ばす
  [rí:tʃ]　名 届く範囲、腕の長さ
  reach for A「Aを取ろうと手を伸ばす」
  within A's reach「Aの手の届くところに」
  out of A's reach「Aの手の届かないところに」

- [ ] conclusion
  [kənklúːʒən]
  - 名 結論、結末
  - [ ] conclude 動(他) ～と結論づける、～を終える、～を締めくくる
  - [ ] conclusive 形 決定的な

7 that benefit and profit are significant elements for love.

利益と儲けが恋にとって重要な要素であるという(結論)
→利益と儲けが重要な恋の要素

[thatは前行最後のconclusionにかかる同格のthat]

- [ ] benefit
  [bénəfit]
  - 名 利益、恩恵
  - 動(他) ～のためになる、～に利益を与える
    (自) 利益を得る
  - **for the benefit of A**「Aの(利益の)ために」
  - [ ] beneficial 形 有益な
  - [ ] beneficent 形 慈悲心に富んだ

- [ ] profit
  [práfit]
  - 名 儲け、利益
  - 動(自) 利益を得る
  - [ ] profitable 形 有益な、もうけになる

- [ ] significant
  [signífəkənt]
  - 形 重要な、意味のある、かなり多くの
  - [ ] significance 名 重要性、意味
  - [ ] signify 動(他) ～を示す、～を意味する

- [ ] element
  [éləmənt]
  - 名 要素、元素、(the elementsの形で)自然の力
  - [ ] elementary 形 初歩の
    an elementary school「小学校」
  - [ ] elemental 形 基本的な、自然の

Part 4 Economist in Love

8. His status suggests that he should have a good income.

彼はかなりの収入を持っていると、彼の地位がほのめかす
→地位からすると、収入はいいだろう

- □ status
  [stéitəs]
  - 名 地位、身分

- □ suggest
  [sə(g)dʒést]
  - 動 (他) 〜を提案する、〜をほのめかす
  - suggest (to A) that S (should) V(原形)「(Aに)〜と提案する」
  - □ suggestion 名 提案、示唆
  - □ suggestive 形 示唆的な

- □ good
  [gúd]
  - 形 かなり、いい
  - 名 利益

- □ income
  [ínkʌm]
  - 名 収入、所得
  - ⇔ expenditure 名 支出

9. Moreover, according to the new survey from my colleagues,

さらに、私の同僚の新しい調査によると
→さらに同僚の新たな調査によると

[歌詞の次の行とセットになってひとつの文]

- □ moreover
  [mɔːróuvər]
  - 副 そのうえ、さらに

- □ according
  [əkɔ́ːrdiŋ]
  - 形 一致した
  - (according to A の形で使うことが圧倒的に多い)
  - according to A「Aによれば」「Aと一致して」
  - (according toを前置詞的に用いる)

□ accordingly 副 それに応じて、それ相応に、したがって
□ accord 名 一致、合意
　of A's own accord「自発的に」
　in accord with A「Aと一致して」

□ survey　　　名 調査、概観、報告書
名 [sə́ːrvei]　動(他) ～を調査する、～を概観する
動 [səːrvéi]

□ colleague　名 (仕事の)同僚
[káliːg]

10 he probably has an enormous amount of property.

彼はおそらく莫大な財産を持っている
→たぶん彼は莫大な財産持っている

□ probably　　副 おそらく、たぶん
[prábəbli]　　□ probable 形 ありそうな、起こりそうな
　　　　　　　□ probability 名 見込み、ありそうなこと

□ enormous　形 莫大な、巨大な
[inɔ́ːrməs]

□ amount　　名 量、総計、合計
[əmáunt]　　動(自) 総計(～に)なる、結局(～に)なる
　　　　　　amount to A「総計Aに達する」「結局Aになる」「～に等しい」

□ property　名 財産、資産
[prápərti]

Part 4　Economist in Love

11 An overwhelming desire to rely on him comes over me.

彼に頼りたいという圧倒的な願望が私を襲ってくる
→無性に彼に頼りたくてたまらなくなる

- □ overwhelming　形 圧倒的な
  [òuvər(h)wélmiŋ]
  - □ overwhelm　動(他) ~を圧倒する、~を困惑させる

- □ desire　名 願望、要求
  [dizáiər]
  動(他) ~を望む
  leave nothing to be desired「申し分ない」
  leave much to be desired「不満な点が多い」
  - □ desirable　形 望ましい

- □ rely　動(自)[on] (~に)頼る、(~を)あてにする
  [rilái]
  rely on A for B「Aに頼ってBを求める」
  - □ reliable　形 信頼できる
  - □ reliance　名 依存

12 A small mistake can lead to serious consequences later.

小さな誤りが後に深刻な結果に通じうる
→小さなミスが後に深刻な結果につながりうる

- □ mistake　名 誤り、間違い
  [mistéik]
  動(他) ~を誤解する、~を間違える
  mistake A for B「AをBと間違える」
  - □ mistaken　形 誤った、間違った

- □ lead　動(他) ~を導く、(生活)を送る、~の先を行く
  [líːd]
  　　(自)[to](~に)通じる、至る
  名 先導、(ledと発音して)鉛
  形 先導する
  - □ leading　形 一流の、主要な

□ consequence | 名 結果
[kánsikwèns] | in consequence「その結果」
　　　　　　　　　□ consequent 形 結果として起こる
　　　　　　　　　□ consequently 副 その結果として

□ later | 副 あとで、後に
[léitər]

13 I must maintain a proportion of demand to supply.

私は重要と供給の比率を維持しなければならない
→需要と供給のバランス、私は維持していかなくちゃ

□ maintain | 動(他) 〜を維持する、〜を主張する、
[meintéin] | 　(家族など)を扶養する
　　　　　　　　　□ maintenance 名 維持、管理、扶養

□ proportion | 名 比率、均衡、調和、つりあい
[prəpɔ́:rʃən] | in proportion to A「〜に比例して」

□ demand | 名 要求、需要
[dimǽnd] | 動(他) 〜を要求する、〜を尋ねる
　　　　　　　　　□ demanding 形 骨の折れる、要求の厳しい

□ supply | 名 供給
[səplái] | 動(他) 〜を供給する
　　　　　　　　　supply A with B = supply B to [for] A「AにBを供給する」

14 An emergency occurred! A stranger is approaching him.

緊急事態が起こった！　見知らぬ人が彼に接近している
→緊急事態発生！　見知らぬ人が彼にアプローチ

Part 4　Economist in Love

- [ ] emergency　　　名 緊急事態、非常事態
  [imə́:rdʒənsi]　　 in case of emergency ＝ in (an) emergency「非常の際には」
  - [ ] emergent 形 緊急の、非常の、救急の

- [ ] occur　　　動(自) 起こる、(考えなどが心に)浮かぶ
  [əkə́:r]　　 occur to A「(考えなどが)A(の心)に浮かぶ」
  - [ ] occurrence 名 出来事、発生、起こること

- [ ] stranger　　　名 見知らぬ人、新来の人、
  [stréindʒər]　　　(他の地から来てある土地についての)不案内者
  - [ ] strange 形 奇妙な、見知らぬ、なじみがない、不慣れな (P.76参照)

- [ ] approach　　　動(他) 〜に近づく、〜に接近する、〜に取り組む
  [əpróutʃ]　　　名 接近、方法、取り組み方

🎵15 In this situation I must put the prime value on strategy.

この状況では、私はもっとも重要な価値を戦略に置かなければならない
→この状況では戦略に最高の価値を置かねば

- [ ] situation　　　名 状況、位置、状態、立場
  [sìtʃuéiʃən]　　 - [ ] situated 形 位置して ＝ located

- [ ] prime　　　形 もっとも重要な、主要な、第一の
  [práim]　　 the Prime Minister「総理大臣」
  Prime Time「(テレビの)ゴールデンタイム」
  - [ ] primary 形 第一の、主要な
    a primary school「小学校」
  - [ ] primarily 副 第一に、主に

67

- □ value
  [vǽljuː]

  名 価値、価値観
  動(他) 〜を評価する、〜を尊重する
  of value「価値のある、貴重な」
  □ valuable 形 価値のある、貴重な
  □ invaluable 形 きわめて貴重な
  □ valueless 形 無価値な
  □ valuables 名 貴重品
  □ evaluate 動(他) 〜を評価する
  □ evaluation 名 評価

- □ strategy
  [strǽtədʒi]

  名 戦略、作戦

16 Appropriate equipment and huge data support my ambition.

適切な装置と莫大なデータが私の野心を支える
→適切な装置と膨大なデータが野心サポート

- □ appropriate
  [əpróupriit]

  形 適切な、ふさわしい
  　　⇔ inappropriate 形 不適切な
  be appropriate for [to] A「Aにふさわしい」
  □ appropriately 副 適切に

- □ equipment
  [ikwípmənt]

  名 装置
  □ equip 動(他) 〜を装備させる

- □ huge
  [hjúːdʒ]

  形 巨大な、莫大な

- □ data
  [déitə]

  名 データ、資料

- [ ] support　　動(他) ～を支持する、～を支える、～を養う、
  [səpɔ́ːrt]　　　　　　～を裏付ける、～を立証する
  　　　　　　　名 支持、援助、扶養
  　　　　　　　- [ ] supportive　形 協力的な、支持する

- [ ] ambition　　名 野心、野望、熱望
  [æmbíʃən]　　- [ ] ambitious　形 野心的な、熱望している

17 Expensive clothes, traditional method, and deep affection

高価な服、伝統的な方法、そして深い愛情が
→高価な服、伝統の方法、深い愛情

［歌詞の次の行とセットになってひとつの文］

- [ ] expensive　　形 高価な
  [ikspénsiv]　　　⇔ inexpensive　形 安価な
  　　　　　　　- [ ] expense　名 費用、経費、犠牲
  　　　　　　　at the expense of A「Aを犠牲にして」
  　　　　　　　- [ ] expend　動 ～を費やす (P.104参照)
  　　　　　　　- [ ] expenditure　名 支出、費用

- [ ] clothes　　名 服、衣類
  [klóu(ð)z]　　- [ ] cloth　名 布

- [ ] traditional　　形 伝統的な、慣習的な
  [trədíʃənəl]　　- [ ] tradition　名 伝統、慣習、言い伝え
  　　　　　　　- [ ] traditionally　副 伝統的に

- [ ] method　　名 方法、筋道、体系
  [méθəd]

- □ deep
  [díːp]
  - 形 深い ⇔ shallow 形 浅い
  - □ depth 名 深さ

- □ affection
  [əfékʃən]
  - 名 愛情、愛着、好意
  - □ affectionate 形 愛情深い
  - □ affect 動(他) 〜に影響を及ぼす、〜のふりをする

🎵 18 will make an extremely favorable impression on him.

極度に好意的な印象を彼に与えるだろう
→かなり好意的な印象を与える

- □ extremely
  [ikstríːmli]
  - 副 極度に、非常に
  - □ extreme 形 極端な、極度の、過激な
    名 極端、極度

- □ favorable
  [féivərəbl]
  - 形 好意的な、好都合の
  - 形 お気に入りの、一番好きな (P.145参照)
  - 名 お気に入り
  - □ favor 名 好意、親切
    動(他) 〜を支持する、〜をえこひいきする
    - do A a favor「Aの頼みをきく」
    - ask A a favor「Aに頼みごとをする」
    - in favor of A「Aを支持して」
    - return the favor「恩返しをする」

- □ impression
  [impréʃən]
  - 名 印象、感動
  - make an impression on A「Aに強い印象を与える」
  - □ impress 動(他) 〜に強い印象を与える、〜を感動させる
  - □ impressive 形 印象的な、感動的な

Part 4　Economist in Love

19 He praised me for my attitude. I could beat my opponent.

彼は私の態度をほめた。私は私の敵を打ち負かした
→私の態度をほめてくれ、敵を撃破

□ praise
[préiz]
動(他) 〜をほめる、〜を賞賛する
名 ほめること、賞賛
praise A for B「BのことでAをほめる」

□ attitude
[ǽtitjùːd]
名 態度、姿勢、考え方
take a 〜 attitude (toward [to] A)「(Aに対して)〜な態度を取る」

□ beat
[bíːt]
動(他) 〜を打つ、〜を打ち負かす
　　(自) たたく、(心臓が)鼓動する
名 打つこと

□ opponent
[əpóunənt]
名 敵、(ゲームなどの)相手、対抗者
□ oppose　動(他)〜に反対する、〜に対抗する (P.97参照)

20 I had confidence in my ability to persuade him to select me.

私は彼を説得して私を選ばせる能力に自信があった
→説得して私を選ばす自信があった

□ confidence
[kánfədəns]
名 自信、信頼、秘密
have confidence in A「Aに自信を持つ」
in confidence「内緒で」
self-confidence「自信」
□ confident　形 確信している、自信がある
□ confidential　形 秘密の
□ confide　動(自)[in] (〜に)秘密を打ち明ける、(〜を)信頼する
　　　　　　(他) (秘密など)を打ち明ける

☐ ability [əbíləti]	名 能力、手腕 ☐ able 形 ～できる、有能な	

☐ persuade
[pərswéid]
動(他) ～を説得する、～を確信させる
persuade A to V 「Aを説得してVさせる」
= talk A into Ving
☐ persuasion 名 説得
☐ persuasive 形 説得力のある
☐ persuasiveness 名 説得力

☐ select
[səlékt]
動(他) ～を選ぶ　(自)[from] (～から)選ぶ
形 上等の、えり抜きの
☐ selection 名 選択、選ばれたもの[人]
☐ selective 形 選択の、選択する力のある、えり好みする、えり抜きの

21 Research skills are useful for all kinds of negotiations.

研究技術はあらゆる種類の交渉に役立つ
→研究手法はあらゆる交渉に使える

☐ research
[rɪsə́ːrtʃ]
名 研究、調査
動(他) ～を研究する、～を調査する
☐ researcher 名 研究者

☐ skill
[skíl]
名 技術、技能、熟練
☐ skillful 形 上手な
☐ skilled 形 熟練した

☐ useful
[júːsfel]
形 有益な、役立つ ⇔ useless 形 役に立たない、無駄な
☐ usefully 副 有益に、有効に
☐ usefulness 名 役立つこと、有用

Part 4　Economist in Love

- [ ] kind　　　　　名 種類、性質
  [káind]　　　　形 親切な、優しい、寛大な

- [ ] negotiation　名 交渉、協議
  [nigòuʃiéiʃən]　- [ ] negotiate 動(自) 交渉する、話し合う
  　　　　　　　　　　　　(他) (交渉によって)〜を取り決める

22 What is most necessary is the enthusiasm for the object.

もっとも重要なものは対象に対する熱意である
→何より大事なのは対象への熱意

- [ ] necessary　形 必要な、必然的な
  [nésəsèri]　- [ ] necessity 名 必要(性)、必要なもの
  　　　　　　- [ ] necessarily 副 (肯定文で)必ず、必然的に、
  　　　　　　　　　(否定文で)必ずしも(〜でない)
  　　　　　　　　　(P.105参照)
  　　　　　　- [ ] necessitate 動(他) 〜を必要とする

- [ ] enthusiasm　名 情熱、熱意、熱狂
  [inθjúːziæzm]　- [ ] enthusiastic 形 熱心な、熱狂的な

- [ ] object　　　名 対象、物体、目的、目的語
  名 [ábdʒikt]　　動(自)[to] 反対する、意義を唱える
  動 [əbdʒékt]　　　(他) 〜に反対する
  　　　　　　- [ ] objective 形 客観的な
  　　　　　　- [ ] objectivity 名 客観性
  　　　　　　- [ ] objection 名 反対、異議

歌って覚える英単語

Economist in Love

1. I'm a scholar majoring in economics and politics
2. with plenty of knowledge but no practical experience.

3. I fell in love with an officer engaging in social services.
4. He revealed his hope to marry me. I couldn't reply soon.

5. I organized the conference and debated on his proposal.
6. Obeying our philosophy and policy, we reached the conclusion
7. that benefit and profit are significant elements for love.

8. His status suggests that he should have a good income.
9. Moreover, according to the new survey from my colleagues,
10. he probably has an enormous amount of property.
11. An overwhelming desire to rely on him comes over me.

12. A small mistake can lead to serious consequences later.
13. I must maintain a proportion of demand to supply.

14. An emergency occurred! A stranger is approaching him.
15. In this situation I must put the prime value on strategy.

16. Appropriate equipment and huge data support my ambition.
17. Expensive clothes, traditional method, and deep affection
18. will make an extremely favorable impression on him.

19. He praised me for my attitude. I could beat my opponent.
20. I had confidence in my ability to persuade him to select me.
21. Research skills are useful for all kinds of negotiations.
22. What is most necessary is the enthusiasm for the object.

Part 5

the time I···

1. The sun encourages me to explore a strange town.

見知らぬ街を探検するよう、太陽がわたしを励ます
→太陽が勇気くれ、見知らぬ街、探検したくなる

- □ explore
  [ikspló:r]
  - 動 (他) ～を探検する、～を探求する
  - □ exploration 名 探検

- □ strange
  [stréindʒ]
  - 形 奇妙な、不思議な、見知らぬ、なじみがない、不慣れな
  - □ strangely 副 奇妙なことに
  - □ strangeness 名 奇妙

2. It's no use worrying about the results of my examinations.

試験の結果について悩んでも仕方ない
→テストの結果なんて心配してても仕方がない

- □ worry
  [wə́:ri]
  - 動 (自) 心配する、悩む
  - (他) ～を心配させる
  - 名 心配、心配事
  - be worried about A「Aのことを心配する」

- □ result
  [rizʌ́lt]
  - 名 結果
  - 動 (自) (～から)生じる、(～に)終わる、結果として生じる
  - result from A「Aという原因から生じる」
  - result in A「Aという結果に終わる」
  - as a result「その結果として」

- □ examination
  [igzæmənéiʃən]
  - 名 試験、調査
  - □ examine 動 (他) ～を調査する、～を検査する、～に試験をする

Part 5　the time I…

3. The climate and the leaves in the trees indicate that autumn is here.

気候や木々の葉が、秋が来ていることを指し示す
→気候や木々の色合いが秋の訪れ告げている

☐ climate [kláimət]	名 気候、風土
☐ leaf [líːf]	名 葉、(本の紙の) 1 枚
☐ indicate [índikèit]	動(他) 〜を指し示す、〜をほのめかす ☐ indication　名 指示、暗示、兆候
☐ autumn [ɔ́ːtəm]	名 秋、(形容詞的に)秋のような

4. I prefer greeting someone with cheerful smile to avoiding going out.

外出することを避けるより、陽気な笑顔で誰かに挨拶することを好む
→外出避けるより、陽気な笑顔で挨拶したい

☐ prefer [prifə́ːr]	動(他) 〜をより好む prefer A to B「BよりもAを好む」 prefer to V$_1$ (rather) than V$_2$「V$_2$するよりもV$_1$することを好む」 ☐ preference　名 好み ☐ preferable　形 (より)好ましい
☐ greet [gríːt]	動(他) 〜に挨拶をする、〜を歓迎する ☐ greeting　名 挨拶

- [ ] cheerful
  [tʃíərfəl]
  - 形 陽気な、快活な
  - [ ] cheer 動(他) ～を元気づける、～に喝采を送る
    - (自) 元気づく
    - 名 声援、励まし
    - cheer A up「Aを励ます」
    - cheer up「元気を出す」(命令文で使われることが多い)

- [ ] avoid
  [əvɔ́id]
  - 動(他) ～を避ける
  - [ ] avoidable 形 避けられる
  - [ ] avoidance 名 避けること、回避

🎵 5 I wonder if he is exhausted by his hard tasks at work.

彼は大変な仕事で疲れ果てているかなぁ
→仕事大変みたいだし、疲れてるかなぁ

- [ ] wonder
  [wʌ́ndər]
  - 動(他) ～かなと疑問に思う、～ということに驚く
    - (自)[at] 不思議に思う、驚く
  - 名 驚き、不思議
  - [ ] wonderful 形 素晴らしい、不思議な

- [ ] exhaust
  [igzɔ́:st]
  - 動(他) ～を疲れ果てさせる、～を使い果たす
  - 名 排ガス、排気
  - [ ] exhausted 形 疲れ果てた
  - [ ] exhausting 形 (仕事などが)過酷な
  - [ ] exhaustion 名 極度の疲労

- [ ] hard
  [hɑ́:rd]
  - 形 (問題・仕事などが)難しい、(物が)固い、熱心な
  - 副 熱心に、固く

- [ ] task
  米[tǽsk]
  英[tɑ́:sk]
  - 名 仕事

Part 5　the time I…

6　I wonder if she struggles to prepare for a test.

彼女はテストの準備をするのにもがいているかなぁ
→必死になって試験の準備してるかなぁ

□ struggle
[strʌ́gl]
- 動 (自) もがく、奮闘する、努力する
- 名 もがき、奮闘、努力

□ prepare
[pripéər]
- 動 (自)[for] 準備する
- (他) 〜を用意する、〜の心構えをさせる
- be prepared for A「Aに備えている」
- be prepared to V「Vする準備ができている」
- □ preparation 名 準備、用意
- □ preparatory 形 準備の

7　Anyway, I must call and inform you of my excitement!

とにかく、電話してわたしの興奮をあなたに知らせなければならない！
→とにかく電話して、このワクワク知らせなきゃ！

□ anyway
[éniwèi]
- 副 とにかく、いずれにせよ

□ inform
[infɔ́ːrm]
- 動 (他) 〜に知らせる　(自) 情報を提供する
- inform A of [about] B「AにBのことを知らせる」
- inform A that 〜「Aに〜ということを知らせる」
- □ information 名 情報
- □ informed 形 情報に詳しい
- □ informative 形 情報が豊富な

□ excitement
[iksáitmənt]
- 名 興奮
- □ excite 動 (他) 〜を興奮させる
- □ excited 形 興奮した

8. I perceive that the cloud floating in the sky is looking similar to a rabbit.

空に浮かんでいる雲がウサギに似ているように見えることに気づく
→空に浮かぶ雲がウサギに似ていると気づく

- □ perceive
  [pərsíːv]
  - 動(他) 〜を知覚する、〜に気づく、〜と思う、〜を理解する
  - □ perceive A as B「AをBだと思う」
  - □ perception 名 知覚、認識

- □ float
  [flóut]
  - 動(自) 浮かぶ
  - (他) 〜を浮かべる

- □ similar
  [símələr]
  - 形 似た、類似した
  - be similar to A「Aに似ている」
  - □ similarity 名 類似、類似点

9. I define fallen leaves as devices to emphasize freshness.

わたしは落ち葉を新鮮さを強調する装置だと定義する
→落ち葉は爽やかさ強調する装置だと定義

- □ define
  [difáin]
  - 動(他) 〜を定義する
  - define A as B「AをBと定義する」
  - □ definition 名 定義
  - □ definite 形 明確な、限定された
  - □ definitely 副 明確に、そのとおり

- □ device
  [diváis]
  - 名 装置、工夫、策略
  - □ devise 動(他) 〜を工夫する、〜を考案する

☐ emphasize [émfəsàiz]	動(他) 〜を強調する ☐ emphasis 名 強調 　　put emphasis on A「Aを強調する」
☐ freshness [fréʃnis]	名 新鮮さ、初々しさ ☐ fresh 形 新鮮な、新しい、生き生きとした

10 An acorn rolling through the horrible traffic amazes us.

恐ろしい交通の間を転がっているドングリはわたしたちを驚かせる
→混んだ道を縫って転がるどんぐり見てビックリ

☐ acorn [éikɔ:rn]	名 ドングリ(曲のイメージ作りのために使った語。「最重要単語」とは思えませんので、余裕のある方だけ覚えてくださいね)
☐ roll [róul]	動(自) 転がる 　(他) 〜を転がす、〜を(円筒形・球形に)巻く 名 巻いたもの
☐ horrible [hɔ́:rəbl]	形 恐ろしい、身の毛がよだつ、ひどい ☐ horror 名 恐怖 ☐ horrify 動(他) 〜をぞっとさせる
☐ traffic [trǽfik]	名 交通、交通量 動(他) 〜を往来する
☐ amaze [əméiz]	動(他) 〜を驚かせる be amazed at A「Aに舌を巻く」 ☐ amazing 形 驚くべき ☐ amazed 形 驚いた

11 We gain tiny pockets of happiness from a can of coffee together.

わたしたちは缶コーヒーを一緒に飲むことから、小さなポケットに入るような幸せを得る
→缶コーヒー一緒に飲めば小さな幸せ

- [ ] gain
  [géin]
  - 動 (他) 〜を得る、〜を増やす、〜を稼ぐ、
  - (自) (時計が)進む
  - 名 利益、増加

- [ ] tiny
  [táini]
  - 形 とても小さい、ちっぽけな

- [ ] happiness
  [nǽpinis]
  - 名 幸せ
  - [ ] happy 形 幸せな、嬉しい
  - [ ] happily 副 幸福に、幸いにも

- [ ] together
  [təgéðər]
  - 副 一緒に、ともに

12 Entering a local park, we join in with some active kids.

その土地の公園に入り、わたしたちは数人の活動的な子どもたちに加わる
→その土地の公園入り、元気な子どもの仲間にジョイン

- [ ] enter
  [éntər]
  - 動 (他) 〜に入る、〜を記入する、〜に加わる
  - [ ] entrance 名 入口、入ること
  - [ ] entry 名 入ること、記入

- [ ] local
  [lóukəl]
  - 形 その土地の、地元の

Part 5　the time I…

- □ join
  [dʒɔ́in]

  動(自) 加わる
  　　(他) ~に参加する、~に加わる、~をつなぐ
  join in A 「A(議論など)に参加する」
  □ joint 形 共同の
  　　　　名 関節、つなぎ目

- □ active
  [ǽktiv]

  形 積極的な、活動的な
  　　⇔ passive 形 受動的な、消極的な
  □ activity 名 活動

- □ kid
  [kíd]

  名 子ども
  動(他) ~をからかう
  　　(自) 冗談を言う

🎵 13 Lying in the grass, we exchange plenty of words.

芝生の中に横たわり、わたしたちはたくさんの言葉を交わす
→芝生の中に寝転がり、たくさんの言葉を交わす

- □ lie
  [lái]

  動(自) 横たわる、横になる、(土地・家・町などが)
  　　　　位置する、(場所・雪・未来などが)広がっている
  名 嘘 (P.135参照)
  lie down 「横になる」

- □ grass
  米 [grǽs]
  英 [gráːs]

  名 芝生、草地

- □ exchange
  [ikstʃéindʒ]

  動(他) ~を交換する、~を両替する
  名 交換、両替
  exchange A for B 「AをBと交換する」

14 Watching public facilities under construction, we feed the pigeons.

建設中の公共施設を見ながら、わたしたちは鳩にエサをやる
→建設中の公共施設見ながら、鳩にエサをやる

□ public
[pʌ́blik]

形 公の、公的な、公開の、公衆の
名 (the publicで)一般の人々、大衆
in public「人前で」

□ facility
[fəsíləti]

名 (the facilitiesで)施設、設備、容易さ、器用さ

□ construction
[kənstrʌ́kʃən]

名 建設 ⇔ destruction 名 破壊
under construction「建設中」
　□ construct 動(他) ～を建設する、～を構築する、
　　　　　　　　　　～を組み立てる
　□ constructive 形 建設的な

□ feed
[fíːd]

動(他) ～にエサをやる、～を養う
　　(自) エサを食う
feed on A「Aを常食とする」
be fed up with A「Aにうんざりする」

□ pigeon
[pídʒən]

名 鳩

15 I draw a picture beneath a tree with my legs stretched toward you.

あなたの方に両足を伸ばしながら、わたしは木の下で絵を描く
→君の方に足を伸ばし、僕は絵を描く、木の下で

□ draw
[drɔ́ː]

動(他) ～を描く、～を引く、～を引き出す
名 引くこと、引き分け

Part 5 the time I…

- □ beneath [biníːθ] | 前 ～の下に ⇔ above 前 ～上に

- □ stretch [strétʃ] | 動 (他) ～を伸ばす、～を広げる　(自) 伸びる、広がる
  名 伸ばすこと、広がり

16 I admire you who always stick to your principles.

わたしは自分の主義をいつも貫くあなたを賞賛する
→すごいね、いつも自分の主義を貫いて

- □ admire [ədmáiər] | 動 (他) ～を賞賛する、～に感心する
  - □ admiration 名 賞賛、感嘆
  - □ admirable 形 賞賛すべき、見事な

- □ stick [stík] | 動 (自) くっつく、しがみつく、貫く
  (他) ～をくっつける、～を突き刺す
  名 棒切れ、ひと突き
  stick to A 「Aにしがみつく」

- □ principle [prínsəpl] | 名 原理、原則、主義
  in principle 「原則的には」

17 Thanks. Soon, you will graduate from university.

ありがとう。もうすぐあなたは大学を卒業するだろう
→ありがとう。もうすぐ大学も卒業だね

- □ graduate [ɡrǽdʒuèit] | 動 (自)[from] 卒業する
  名 卒業生、大学院生
  graduate school 「大学院」
  - □ graduation 名 卒業
  - □ undergraduate 名 大学生

- □ university [jùːnəvə́ːrsəti] | 名 大学

18 I constantly owe a debt of gratitude to you.

わたしは絶えず感謝の気持ちの恩をあなたに負っている
→わたし 僕 いつだってすごく感謝している

- constantly [kánstəntli]
  - 副 絶えず、いつも
  - □ constant 形 絶え間のない

- owe [óu]
  - 動(他) 〜に負っている、〜に借りがある
  - owe A to B = owe B A「AのことはBのおかげである」「AをBに負っている」

- debt [dét]
  - 名 借り、借金、恩
  - be in debt「借金している」

- gratitude [grǽtətjùːd]
  - 名 感謝の気持ち
  - □ grateful 形 感謝して
    - be grateful (to A) for B「Bのことで(Aに)感謝する」
  - □ gratify 動(他) 〜を満足させる
  - □ gratification 名 満足させること、満足感

19 Compared with rural regions, this town tends to vary.

田舎の地域と比べると、この町は変わる傾向にある
→田舎の方と比べると、この街は変わりがち

- compare [kəmpéər]
  - 動(他) 〜を比較する、〜をたとえる
  - (自) 匹敵する
  - compare A with [to] B「AをBと比較する」
  - compare A to B「AをBにたとえる」
  - (as) compared with [to] A「Aと比較すると」
  - □ comparison 名 比較、たとえること
  - □ comparable 形 比較できる、似ている、同等の

Part 5 the time I…

- □ comparative 形 比較による、相対的な
- □ comparatively 副 比較的、かなり

□ rural
[rúərəl]
形 田舎の、農村の、田園の
⇔ urban 形 都会の、都市の(P.131参照)

□ region
[ríːdʒən]
名 地域、地方、領域、分野
□ regional 形 地域の、地方の

□ tend
[ténd]
動 (自) (…する)傾向にある、(…)しがちである、
tend to V「Vする傾向にある」
□ tendency 名 傾向、風潮、性癖
have a tendency to V「Vする傾向にある」

□ vary
[véəri]
動 (自) 変わる、様々である
(他) ～を変える、～に変化を与える
□ various 形 様々な (P.26参照)
□ varied 形 様々な、変化に富んだ
□ variation 名 変化
□ variety 名 多様性、種類
a variety of A「様々なA」
□ variable 形 変わりやすい ⇔ invariable 形 不変の

🎵 20 We may change depending on how things develop in the future.

物事が今後いかに発達するかによって、わたしたちは変わるかもしれない
→今後の成り行き次第では、僕たちも変わるかも

□ depend
[dipénd]
動 (自) [on/upon] 頼る、依存する、(～次第で)決まる
depend on [upon] A「Aに頼る」「A次第で決まる」
depend on A for B「BをAに頼る」
depending on A「Aに応じて」「Aによって」

- dependent 形 依存した
  - ⇔ independent 形 [of] (〜から)独立した
  - be dependent on [upon] A「Aに頼る」「A次第で決まる」
- dependence 名 依存

□ develop
[divéləp]

動(他) 〜を発達させる、〜を開発する
(自) 発達する
a developing country「発展途上国」
a developed country「先進国」
- development 名 発達、発展、開発

21 I dare say / I can claim } that the sun will always stay the same.

わたしはあえて言える / わたしは強く主張できる } 太陽はいつも同じままである
→言えるの / 強く言える } 太陽はいつも同じ

□ dare
[déər]

動(他) あえて…する、思い切って…する (dareは動詞と助動詞の境界があいまいな語)
dare (to) V「あえてVする」
dare A to V「AにVするよう挑発する」

□ claim
[kléim]

動(他) 〜だと強く主張する、〜と言い張る、
〜を(当然の権利として)要求する
名 主張、要求

Part 5　the time I…

22　I'm satisfied with the time I can accompany you, I can be seated next to you.

あなたに同伴できる、あなたの隣に座れるこの時に、わたしは満足している
→満足してる、一緒にいられる 一緒に座れる この時に

□ satisfy
[sǽtisfài]

動(他) ～を満足させる、～を満たす
be satisfied with A「Aに満足している」
□ satisfaction 名 満足
□ satisfactory 形 満足な

□ accompany
[əkʌ́mpəni]

動(他) ～に同伴する、～と一緒に行く、
　　　～と同時に生じる
be accompanied by A「Aをともなう」「Aを同伴する(させる)」

□ seat
[síːt]

動(他) ～を座らせる、～を収容する
名 座席
be seated「座っている」

歌って覚える英単語

the time I …

1. (女)The sun encourages me to explore a strange town.
2. 　　It's no use worrying about the results of my examinations.

3. (男)The climate and the leaves in the trees indicate that autumn is here.
4. 　　I prefer greeting someone with cheerful smile to avoiding going out.

5. (女) I wonder if he is exhausted by his hard tasks at work.
6. (男) I wonder if she struggles to prepare for a test.

7. (二人)Anyway, I must call and inform you of my excitement!

8. (女) I perceive that the cloud floating in the sky is looking similar to a rabbit.
9. (男) I define fallen leaves as devices to emphasize freshness.
10. (二人) An acorn rolling through the horrible traffic amazes us.
11. (二人)We gain tiny pockets of happiness from a can of coffee together.

12. (女)Entering a local park, we join in with some active kids.
13. 　　Lying in the grass, we exchange plenty of words.

14. (男) Watching public facilities under construction, we feed the pigeons.
15. 　　I draw a picture beneath a tree with my legs stretched toward you.

16. (女) I admire you who always stick to your principles.
17. (男) Thanks. Soon, you will graduate from university.

18. (二人)I constantly owe a debt of gratitude to you.

19. (女)Compared with rural regions, this town tends to vary.
20. (男) We may change depending on how things develop in the future.
21. (女) I dare say (男) I can claim (二人) that the sun will always stay the same.
22. (二人)I'm satisfied with the time (男)I can accompany you,
　　(女)I can be seated (二人) next to you.

Part 6

next to you

1 Don't let trivial things bother you.

取るに足りないことがあなたを悩ませるようなことをさせるな
→つまらないこと気にしないで

☐ trivial
[tríviəl]
形 ささいな、取るに足りない

☐ bother
[báðər]
動(他) 〜を困らせる、〜を悩ます
(自) 思い悩む、気にする

2 What are you disappointed with?

何にあなたはがっかりしているの？
→何にがっかりしているの？

☐ disappoint
[dìsəpɔ́int]
動(他) 〜を失望させる、〜をがっかりさせる
☐ disappointed 形 がっかりした
☐ disappointing 形 がっかりさせるような
☐ disappointment 名 失望、落胆

3 Don't be depressed about life.

人生に憂鬱になるな
→人生に落胆しないで

☐ depress
[diprés]
動(他) 〜を憂鬱にさせる、〜を落胆させる
☐ depressed 形 憂鬱な、落胆した
☐ depressing 形 憂鬱にさせる、気が滅入るような
☐ depression 名 憂鬱、落胆、不景気

4 Every effort isn't always rewarded.

あらゆる努力が報われるとは限らない
→報われない努力もある

Part 6　next to you

- □ effort
  [éfərt]
  名 努力

- □ reward
  [riwɔ́:rd]
  動(他) ～に報いる、～に報酬を与える
  名 報酬、ほうび
  reward A with B「AにBで報いる」
  □ rewarding　形 やる価値のある

🎵 5　Nothing I say may have any effect on you…

わたしが言うことは何もあなたに効果をもたらさないかもしれない…
→わたしの言葉、あなたに効果ないかも…

- □ effect
  [ifékt]
  名 影響、効果、結果
  動(他) (結果)をもたらす
  have an effect on A「Aに影響を及ぼす」「Aに効果をもたらす」
  to the effect that ～「～という趣旨の」
  in effect「事実上は」
  □ effective　形 効果的な
  □ effectively　副 効果的に
  □ effectiveness　名 有効性

🎵 6　Whatever fortune and fame you may achieve,

どれほどの財産と名声をあなたが獲得しようとも
→どれほどの富と名声あなた手に入れても
　　　　　　　　　　　　［歌詞の次の行とセットになってひとつの文］

- □ fortune
  [fɔ́:rtʃən]
  名 財産、運、幸運、繁栄
  　⇔ misfortune　名 不運
  □ fortunate　形 幸運な
  □ fortunately　副 幸運にも

- [ ] fame
  [féim]

  名 名声、評判
  - [ ] famous 形 有名な

- [ ] achieve
  [ətʃíːv]

  動(他) 〜を成し遂げる、〜を獲得する
  - [ ] achievement 名 達成、獲得、功績

7 you'll find the source of happiness is here at home.

幸せの源がすぐここにあると、あなたは気づくでしょう
→幸せの源、近くにあると分かるでしょ

- [ ] source
  [sɔ́ːrs]

  名 源、出所、原因

8 I'm the woman who would be difficult to replace.

わたしは取り替えるのが難しいであろう女である
→わたしの代わり、簡単には見つからないわよ

- [ ] replace
  [ripléis]

  動(他) 〜に取って代わる、〜を取り替える、
  　　　〜を元の場所に戻す

  replace A with B「AをBと取り替える」
  - [ ] replacement 名 取り替え、代用品

9 Don't be frightened of potential danger.

潜在的な危険を怖がるな
→見えない危険におびえないで

- [ ] frighten
  [fráitn]

  動(他) 〜を怖がらせる、〜をおびえさせる
  - [ ] frightened 形 おびえた
  - [ ] frightening 形 おびえさせるような
  - [ ] frightful 形 ぞっとするような

- [ ] potential
  [pətén ʃəl]

  形 潜在的な、可能性のある
  名 潜在能力、潜在性

Part 6 next to you

🎵 10 **You have great capacity to handle it.**

あなたはそれに対処するすごい能力を持っている
→対処できる能力あるわ

□ capacity | 名 収容能力、能力
[kəpǽsəti]

□ handle | 動(他) ～に対処する、～を扱う、～に触れる
[hǽndl] | 名 取っ手、柄

🎵 11 **A mistake would prove to be worth buying,**

失敗は買う価値があると分かるでしょう
→失敗も買う価値あると分かるわ、

[歌詞の次の行とセットになってひとつの文]

□ prove | 動(自) (～であると)分かる
[prúːv] | (他) ～を証明する

prove (to be) A = turn out (to be) A「Aだと分かる」
□ proof 名 証拠、証明

□ worth | 前 ～の価値があって
[wə́ːrθ] | 名 価値、重要性

be worth A「Aの価値がある」
be worth Ving「Vする価値がある」
be worth (A's) while「(Aが)時間[労力]をかける価値がある」
□ worthy 形 ～に値する
  be worthy of A「Aに値する」
  be worthy to V「Vするにふさわしい」

12 even if it costs you all your wealth.

たとえあなたの全財産を要しようとも
→たとえ財産すべて費やそうと

□ cost
[kɔ́ːst]
- 動(他) (費用)を要する、〜の値段である、〜に犠牲を払わせる
- 名 費用、値段、犠牲
- A cost B C「AはB(人)にC(費用)を要する」
- At the cost of A = at the expense of A「Aを犠牲にして」
- □ costly 形 高価な、損失の大きい

□ wealth
[wélθ]
- 名 富、財産
- ⇔ poverty 名 貧困
- □ wealthy 形 裕福な、豊富な

13 Don't feel embarrassed about taking advantage of me.

わたしを利用することを恥ずかしく思うな
→甘えていいの、恥ずかしがらず

□ embarrass
[imbǽrəs]
- 動(他) 〜を恥ずかしがらせる、〜を困惑させる
- □ embarrassed 形 恥ずかしい、当惑して
- □ embarrassing 形 恥ずかしがらせるような
- □ embarrassment 名 決まり悪さ、困惑

□ advantage
[ədvǽntidʒ]
- 名 利点、有利
- ⇔ disadvantage 名 不利
- take advantage of A「Aを利用する」「Aにつけこむ」
- □ advantageous 形 有利な

Part 6 next to you

14 Some criticize you for opposing their principles.

彼らの主義に反対することで、あなたを非難する人がいる
→その主義に反対することで非難する人

□ criticize
[krítəsàiz]
動(他) ～を批評する、～を非難する
criticize A for B「BのことでAを非難する」
□ criticism 名 批評、批判、非難
□ critical 形 批評の、批判的な、危機の
□ critic 名 批評家、評論家

□ oppose
[əpóuz]
動(他) ～に反対する、～を対立させる
be opposed to A「Aに反対している」
□ opposite 形 反対の
　　　　　　前 ～の向こう側に
□ opposition 名 反対、対立、(the oppositionで)反対者

15 Others blame you for expanding the domestic operations.

国内の活動を拡大することであなたを非難する人もいる
→国内事業を拡大するの責める人

□ blame
[bléim]
動(他) ～を非難する、～のせいにする、
　　　～に責任を負わせる
名 非難、責任
blame A for B「BのことでAを非難する」「BをAのせいにする」
A be to blame「Aが責められるべきである」「Aが悪い」

□ expand
[ikspǽnd]
動(他) ～を拡大する、～を広げる
　　　(自) 広がる、大きくなる
□ expansion 名 拡大
□ expanse 名 (海・大地などの)広がり

- □ domestic
  [dəméstik]
  - 形 国内の、国産の、家庭の、飼いならされた
  - ⇔ foreign 形 外国の (P.38参照)
  - □ domesticate 動(他) 〜を飼いならす

- □ operation
  [àpəréiʃən]
  - 名 操作、活動、手術、軍事行動
  - □ operate 動(他) 〜を操作する
    - (自) (機械などが)作動する、[on] 手術する

16 Something like that can have a serious effect on you, can't it?

そのような何かは、あなたに深刻な効果をもたらす可能性があるよね？
→そういうのってかなりこたえるよね。そうじゃない？

- □ serious
  [síəriəs]
  - 形 深刻な、重大な、真剣な、まじめな
  - □ seriousness 名 重大さ、まじめさ
  - □ seriously 副 真剣に、まじめに

17 Your attitude towards me includes a sense of responsibility.

あなたのわたしに対する態度は責任感を含む
→あなたのわたしへの態度、責任感あるよね

- □ include
  [inklú:d]
  - 動(他) 〜を含む
  - ⇔ exclude 動(他) 〜を除外する
  - □ inclusive 形 含めて、包括的な
  - □ including 前 〜を含めて

- □ sense
  [séns]
  - 名 感覚、判断力、良識、正気、意味
  - 動(他) 〜を感じる、〜を理解する
  - make sense「意味をなす」
  - in a sense「ある意味では」
  - □ sensitive 形 敏感な (P.35参照)
  - □ sensible 形 分別のある、賢明な
  - □ sensory 形 感覚に関する
  - □ sensual 形 官能的な

Part 6 next to you

- [ ] responsibility
  [rispὰnsəbíləti]
  - 名 責任
  - [ ] responsible 形 責任がある、信頼できる、(〜の)原因である
    ⇔ irresponsible 形 無責任な
    be responsible for A 「Aに対して責任がある」

18 There's no limit to my patience. I won't be a burden on you.

わたしの忍耐には制限がない。わたしはあなたの重荷にならないだろう
→いつまでだって我慢できる。重荷にならないわよ

- [ ] limit
  [límit]
  - 名 限界、制限
  - 動 (他) 〜を制限する、〜に限定する
  - be limited to A 「Aに限定される」
  - [ ] limited 形 限られた、有限の

- [ ] patience
  [péiʃəns]
  - 名 忍耐、忍耐力、我慢
  - [ ] patient 形 我慢強い
    ⇔ impatient 形 我慢できない 名 患者
  - be patient with A 「Aに我慢する」

- [ ] burden
  [bə́ːrdn]
  - 名 重荷、負担
  - 動 (他) (重荷・負担を)負わせる
  - burden A with B 「AにBを負わせる」
  - [ ] burdensome 形 重荷となる、やっかいな

19 I'm always on your side. I'm always next to you.

わたしはいつもあなたの側にいる。わたしはいつもあなたの隣にいる
→いつだってあなたの味方、いつだって隣にいるわ

- [ ] side
  [sáid]
  - 名 側、側面

歌って覚える英単語

next to you

1. Don't let trivial things bother you.
2. What are you disappointed with?

3. Don't be depressed about life.
4. Every effort isn't always rewarded.

5. Nothing I say may have any effect on you…

6. Whatever fortune and fame you may achieve,
7. you'll find the source of happiness is here at home.
8. I'm the woman who would be difficult to replace.

9. Don't be frightened of potential danger.
10. You have great capacity to handle it.

11. A mistake would prove to be worth buying,
12. even if it costs you all your wealth.

13. Don't feel embarrassed about taking advantage of me.

14. Some criticize you for opposing their principles.
15. Others blame you for expanding the domestic operations.
16. Something like that can have a serious effect on you, can't it?

17. Your attitude towards me includes a sense of responsibility.
18. There's no limit to my patience. I won't be a burden on you.
19. I'm always on your side. I'm always next to you.

Part 7

with my shaker

1 A man is describing the features of a rare Scotch whisky.

ひとりの男がまれなスコッチウイスキーの特徴を説明している
→珍しいスコッチの特徴を説明する男

- □ describe
  [diskráib]
  - 動(他) 〜を描写する、〜を説明する
  - □ description 名 描写、説明
    - beyond description「言葉では言い表せない(ほど)」
  - □ descriptive 形 記述的な

- □ feature
  [fíːʃər]
  - 名 特徴、顔立ち、特集(記事)、目玉商品
  - 動(他) 〜の特徴となっている、〜を特集する、〜を主演させる

- □ rare
  [réər]
  - 形 まれな、珍しい
    - ⇔ common 形 共通の、ありふれた
  - □ rarely 副 めったに…ない

2 Apparently the woman next to him is bored with his lecture.

一見、隣の女性は彼の講義に退屈している
→隣の女はレクチャーに飽き飽きしてるみたい

- □ apparently
  [əpǽrəntli]
  - 副 一見、見たところ
  - □ apparent 形 明白な、外見上の

- □ bore
  [bɔ́ːr]
  - 動(他) 〜を退屈させる、〜をうんざりさせる
  - 名 退屈な人[もの]
  - □ boring 形 退屈させるような
  - □ bored 形 退屈した
    - A be bored with B「AはBに退屈している」
  - □ boredom 名 退屈

Part 7　with my shaker

☐ lecture　　　名 講義、講演、説教
[léktʃər]　　　動(自) 講義する　(他) ～に講義する
　　　　　　　a lecture on A「Aについての講義」

3 A man urges a waiter to explain the concept of this cocktail.

ひとりの男が、このカクテルのコンセプトを説明するよう、ウエイターに強く迫る
→ウエイターにカクテルのコンセプトを説明しろとせがむ男

☐ urge　　　　動(他) ～をせきたてる、～に強く迫る、～に説得する
[ə́ːrdʒ]　　　名 衝動
　　　　　　　urge A to V「AにVするよう強く迫る」
　　　　　　　☐ urgent　形 急を要する、差し迫った
　　　　　　　☐ urgency　名 緊急性、強要

☐ explain　　　動(他) ～を説明する
[ikspléin]　　　explain A to B「AをBに説明する」
　　　　　　　☐ explanation　形 説明

☐ concept　　　名 概念
[kánsept]　　　☐ conception　名 心に抱くこと、概念、考え方、想像
　　　　　　　☐ conceive　動(他) ～を心に抱く、～を想像する

4 A thin woman with sex appeal rejects a stranger's treat for a drink.

性的魅力を備えたひとりのやせた女が、見知らぬ人のお酒のおごりを拒否する
→見知らぬ男のおごり拒否する細身の女、魅力的

☐ thin　　　　形 薄い、細い、やせた　⇔　thick　形 厚い、太い
[θín]

☐ appeal　　　名 魅力、懇願、訴え、控訴
[əpíːl]　　　　動(自) 懇願する、訴える、興味を引く
　　　　　　　appeal to A「Aに訴える」

☐ appealing 形 魅力的な、人の心に訴えるような

☐ reject
[ridʒékt]
動(他) ~を断る、~を拒絶する
⇔ accept 動(他) ~を受け入れる(P.131参照)
☐ rejection 名 拒絶、拒否

☐ treat
[tríːt]
名 おごり、楽しみ、喜び
動(他) ~を扱う、~を治療する、~におごる
☐ treatment 名 取り扱い、治療

5 Men expend much energy to discuss global affairs.

男たちは世界的な諸問題を議論するのに多くのエネルギーを費やす
→世界的問題の議論にエネルギー費やす男たち

☐ expend
[ikspénd]
動(他) (精力、時間、物資など)を費やす、使う
☐ expenditure 名 支出、費用
☐ expense 名 費用、経費、犠牲

☐ energy
[énərdʒi]
名 エネルギー、精力、活力
☐ energetic 形 精力的な

☐ discuss
[diskʌ́s]
動(他) ~を議論する
☐ discussion 名 議論、討論

☐ global
[glóubəl]
形 世界的な、地球規模の
☐ globe 名 球体、(the globeで)地球
☐ globalization 名 国際化

☐ affair
[əféər]
名 出来事、問題、情勢

Part 7　with my shaker

6　Sometimes I scold them for not adapting to the change in social structure.

時々わたしは、社会構造の変化に適応しないことで、彼らを叱る
→社会の変化に適応できない人を叱ることもある

□ scold
[skóuld]
動(他) 〜を叱る
(自) 叱る
scold A for B「BのことでAを叱る」

□ adapt
[ədǽpt]
動(自)[to] 適応する
(他) 〜を適応させる
adapt A to B「AをBに適応させる」
adapt (oneself) to A「Aに適応する」
□ adaptation　名 適応、順応
□ adaptable　形 適応力のある、融通のきく
□ adaptability　名 適応性、順応性

□ structure
[strʌ́ktʃər]
名 構造、建物
動(他) 〜を構築する
□ restructure　動(他) 〜を再構築する

7　All customers are not necessarily content with their life.

すべての客がその生活に満足しているとは限らない
→あらゆる客が生活に満足してるとは限らない

□ customer
[kʌ́stəmər]
名 客
⇔ clerk　名 店員、事務員

□ necessarily
[nèsəsérəli]
副 (否定文で)必ずしも(〜でない)、(肯定文で)必ず
Not necessarily「必ずしもそうではない」
□ necessary　形 必要な (P.73参照)
□ necessity　名 必要(性)、必要なもの

□ content	形 満足した
形 [kəntént]	名 満足、中身
名 [kántent]	be content with A「Aに満足している」

8. Everybody comes here in search of something with which to heal their souls.

すべての人が、自分の魂を癒してくれるべき何かを探してここに来る
→癒してくれる何かを求めて、みんなここにやって来る

□ search	動(他) 〜を捜す、〜の所持品検査をする
[sə́ːrtʃ]	(自)[for] 捜し求める
	名 捜索、追及
	search for A「Aを捜し求める」
	in search of A「Aを捜して」

□ heal	動(他) 〜を治す、〜を癒す
[híːl]	(自) 治る
	□ healing 名 治療(法)、癒し
	形 治療(法)の、癒しの

□ soul	名 魂、精神、情熱
[sóul]	

9. Watching all sorts of drama happening over the counter, I shake my shaker.

カウンターの向こうで起こっているあらゆる種類のドラマを見つつ、わたしはシェーカーを振る
→カウンター越し、いろんな種類のドラマ見つつシェーカーを振る

□ sort	名 種類
[sɔ́ːrt]	動(他) 〜を分類する

□ happen	動(自) 起こる、生じる、降りかかる
[hǽpən]	happen to V「たまたまVする」
	It happens that 〜「たまたま〜する」

Part 7　with my shaker

| □ shake
[ʃéik] | 動(他) ～を振る、～を動揺させる
　　(自) 震える
shake hands (with A)「Aと握手する」
shake A's head「首を横に振る」(否定の意) |

10　A couple began to quarrel. He wanted to gain financial support.

カップルが口論を始めた。彼は財政的な援助を得たがっていた
→カップルがケンカ始めた。お金の援助欲しがって

| □ couple
[kʌ́pl] | 名 カップル、1組、1対
動(他) ～につなぐ、～を結びつける
a couple of A「2つ(人)のA」
coupled with A「Aとあいまって」 |

| □ quarrel
[kwɔ́:rəl] | 動(自) 口論する、けんかする
名 口論、口げんか |

| □ financial
[finǽnʃəl] | 形 財政的な、財政上の
□ finance　動(他) ～に融資する
　　　　　　名 財政、融資 |

11　It was reasonable that she refused to lend him so much money.

彼女が大金を彼に貸すのを断ったのは理にかなっていた
→彼女が大金貸すのを拒否したのはもっともね

| □ reasonable
[rí:zənəbl] | 形 理にかなった、筋の通った、(値段が)手ごろな
□ reason　名 理由、理性
　　　　　　動(自) 推論する |

| □ refuse
[rifjú:z] | 動(他) ～を断る、～を拒否する
refuse to V「Vするのを断る」
□ refusal　名 拒否、拒絶 |

- lend
  [lénd]
  - 動(他) 〜を貸す
  - ⇔ borrow 動 〜を借りる

12 An intellectual man introduces the author of the novel to a professor.

知的な男がその小説の著者をある教授に紹介する
→知的な男が小説の著者、教授に紹介

- intellectual
  [ìntəléktʃuəl]
  - 形 知的な
  - 名 知識人
  - □ intellect 名 知性、知力

- introduce
  [ìntrədjúːs]
  - 動(他) 〜を紹介する、〜を導入する
  - introduce A to B「AをBに紹介する」
  - □ introduction 名 紹介、導入
  - □ introductory 形 紹介の、前置きの

- author
  [ɔ́ːθər]
  - 名 著者

- novel
  [nάvəl]
  - 名 小説
  - 形 目新しい、新奇な
  - □ novelty 名 目新しさ、目新しいもの
  - □ novelist 名 小説家

- professor
  [prəfésər]
  - 名 教授
  - □ professional 形 専門職の、知的職業の

13 A man who has established a company intends to check current trends in fashion.

会社を設立した男が最新の流行を調べようとしている
→会社起こした人、最近の流行チェックしようとしてる

Part 7 with my shaker

☐ establish [istǽbliʃ]	動(他)〜を設立する、〜を確立する ☐ establishment 名 設立、確立
☐ company [kʌ́mpəni]	名 会社、仲間、一緒にいること、来客、一団
☐ intend [inténd]	動(他) 〜を意図する、〜するつもりである ☐ intention 名 意図 ☐ intentional 形 意図的な
☐ check [tʃék]	動(他) 〜を調べる、〜を阻止する 名 小切手、勘定書
☐ current [kə́:rənt]	形 最新の、現在の 名 流れ、風潮、潮流 ☐ currently 副 現在は、今は ☐ currency 名 通貨
☐ trend [trénd]	名 傾向、流行 ☐ trendy 形 流行の先端を行く
☐ fashion [fǽʃən]	名 流行、やり方

14 A woman makes an obviously stupid excuse for cheating on her lover.

ひとりの女が恋人をあざむいて浮気をしていたことに対する明らかにバカな言い訳をする
→浮気をしていたことであきらかにバカな言い訳する女

☐ obviously [ábviəsli]	副 あきらかに ☐ obvious 形 あきらかな、明白な

□ stupid [stjúːpid]	形 バカな、愚かな □ stupidity 名 バカさ
□ excuse [ikskjúːz]	名 言い訳、口実 動(他) 〜の言い訳をする、〜を許す excuse oneself for A「Aの言い訳をする」 excuse A for B「BのことでAを許す」
□ cheat [tʃíːt]	動(自)[on] いかさまをする、(あざむいて)浮気をする 　(他) 〜をだます

15 Nevertheless, he attempts to make an effort to forgive her.

それにもかかわらず、彼は彼女を許す努力をしようと試みる
→なのに、彼女を許すよう努力しようと試みる彼

□ nevertheless [nèvərðəlés]	副 それにもかかわらず □ nonetheless 副 それにもかかわらず
□ attempt [ətémpt]	動(他) 〜を試みる、〜を企てる 名 試み、企て attempt to V「Vしようと試みる」
□ forgive [fərɡív]	動(他) 〜を許す forgive A for B「BのことでAを許す」 □ forgiveness 名 許すこと

16 I recommend standard cocktail with a smile on my face.

わたしは笑顔で標準的なカクテルを勧める
→笑顔を浮かべ、スタンダードなカクテル勧める

□ recommend [rèkəménd]	動(他) 〜を推薦する、〜に勧める recommend A to B「AをBに推薦する」 □ recommendation 名 推薦

Part 7 with my shaker

| □ standard [stǽndərd] | 形 標準の、標準的な
名 標準、基準、水準 |

17 Everybody is anxious about the many aspects of their indefinite future.

誰もがその不明確な未来の多くの諸相について心配している
→みんな不確定な未来の諸相に不安抱いてる

| □ anxious [ǽŋkʃəs] | 形 心配して、不安に思って、切望して
be anxious about A「Aのことを心配する」
be anxious to V「Vすることを切望する」
□ anxiety 名 心配、不安、切望
□ anxiously 副 心配して、切望して |

| □ aspect [ǽspekt] | 名 側面、様相、顔つき |

| □ indefinite [indéfənit] | 形 不明瞭な、不明確な
⇔ definite 形 明確な
□ indefinitely 副 不明確に |

18 I can't solve their problems but I can soften their strain with my shaker.

わたしは彼らの問題を解決できないが、シェーカーを使って、その緊張を和らげることはできる
→問題解決できないけど、緊張和らげる、シェーカーで

| □ solve [sálv] | 動 (他) ～を解く、～を解決する
□ solution 名 解決、解答、溶解 |

| □ problem [prábləm] | 名 問題 |

□ soften
　[sɔ́(:)fn]
動(他) ～を柔らかくする、～を和らげる
(自) 柔らかくなる、和らぐ
□ soft 形 柔らかい

□ strain
　[stréin]
名 緊張(状態)、負担、重圧、過労
動(他) ～を緊張させる、～をぴんと張る
(自) 強く引っぱる
□ strained 形 緊張した

歌って覚える英単語

with my shaker

1. A man is describing the features of a rare Scotch whisky.
2. Apparently the woman next to him is bored with his lecture.

3. A man urges a waiter to explain the concept of this cocktail.
4. A thin woman with sex appeal rejects a stranger's treat for a drink.

5. Men expend much energy to discuss global affairs.
6. Sometimes I scold them for not adapting to the change in social structure.

7. All customers are not necessarily content with their life.
8. Everybody comes here in search of something with which to heal their souls.
9. Watching all sorts of drama happening over the counter, I shake my shaker.

10. A couple began to quarrel. He wanted to gain financial support.
11. It was reasonable that she refused to lend him so much money.

12. An intellectual man introduces the author of the novel to a professor.
13. A man who has established a company intends to check current trends in fashion.

14. A woman makes an obviously stupid excuse for cheating on her lover.
15. Nevertheless, he attempts to make an effort to forgive her.

16. I recommend standard cocktail with a smile on my face.
17. Everybody is anxious about the many aspects of their indefinite future.
18. I can't solve their problems but I can soften their strain with my shaker.

With my shaker

バーテンを しながら いろんな ドラマを みてきた…

結局は みんな 何かを求め ここへやってきて

シェーカーの 音に… 癒される のだ… ふっ…

今夜は この客が いちばん重症だな…
わかったから… なんで裸なんだョ
限られた 単語での 歌詞 づくりは 大変 なんだぞ！
わかってくれー!!
おかわり！

Part 8

Escape from the Crisis !

1 Eventually she is coming to my private room.

ついに彼女が僕の私的な部屋にやってくる
→ついにあの子がこの部屋にやってくる

- eventually
  [ivéntʃuəli]
  - 副 ついに
  - eventual 形 結果として起こる
  - event 名 出来事

- private
  [práivət]
  - 形 個人の、私的な
  - ⇔ public 形 公の、公的な (P.84参照)
  - in private 「内密に、非公式に」
  - privacy 名 秘密、プライバシー

2 Her atmosphere and behavior is always polite.

彼女の雰囲気や振る舞いはいつも礼儀正しい
→雰囲気や振る舞いはいつも上品

- atmosphere
  [ǽtməsfìər]
  - 名 雰囲気、大気、空気
  - atmospheric 形 大気の

- behavior
  [bihéivjər]
  - 名 振る舞い、行動
  - behave (自) 振舞う、行儀よくする
  - behave oneself 「行儀よくする」

- polite
  [pəláit]
  - 形 礼儀正しい、丁寧な、上品な
  - ⇔ impolite 形 無礼な、無作法な
  - politely 副 礼儀正しく

3 She must complain of the room being untidy…

彼女は部屋が乱雑であることに不満を言うに違いない
→きっと汚いこの部屋に不満を覚える…

Part 8　Escape from the Crisis !

□ complain [kəmpléin]	動(自) 不満を言う (complain (to A) of B「(Aに)Bのことで不満を言う」) □ complaint 名 不平、不満
□ untidy [ʌntáidi]	形 きちんとしてない、乱雑な ⇔ tidy 形 きちんとした、整然とした

4　Escape from the crisis !

危機から逃れろ！
→危機から逃れなきゃ！

□ escape [iskéip]	動(自)[from] 逃げる、まぬがれる (他) 〜を逃れる 名 逃亡、逃げ道
□ crisis [kráisis]	名 危機 (複数形は crises) □ critical 形 危機の、重大な、批評の、批判的な

5　Open the window so as not to suffer from air pollution.

大気汚染に苦しまないように窓を開ける
→大気汚染に苦しまないように窓を開ける[歌詞にする際の変化がなかったですね]

□ suffer [sʌ́fər]	動(自)[from] 苦しむ、損害を受ける (他) (苦痛・損害など)を受ける □ suffering 名 苦しみ
□ pollution [pəlúːʃən]	名 汚染 □ pollute 動(他) 〜を汚染する □ pollutant 名 汚染物質

6　Abandon the paper materials from the old research.

古い研究での紙の資料を捨てる
→昔の調査で使った資料を捨てる

☐ abandon [əbǽndən]	動(他) ～を捨てる、～を放棄する、～をあきらめる
☐ material [mətíəriəl]	名 物質、材料、資料 形 物質の、物質的な 　　⇔ spiritual 形 精神的な raw material「原料」 　☐ materialism 名 唯物論、物質主義 　　⇔ idealism 名 理想主義、観念論 　☐ materialistic 形 唯物論の

7 Arrange the books and magazines on the shelves.

棚の上の本や雑誌を整理する
→棚の上の本や雑誌を整理する［歌詞にする際の変化がなかったですね］

☐ arrange [əréindʒ]	動(他) ～の手はずを整える、～を配列する、～を整理する ☐ arrangement 名 整理、準備、配列
☐ shelf [ʃélf]	名 棚

8 Oh what? What's this square piece of paper?

あれ？何だ？この正方形の紙切れは何だ？
→ん、なんだ？この四角い紙切れは何だろう？

☐ square [skwéər]	名 正方形、(面積の単位)平方、2乗、(四角い)広場 形 正方形の、四角の、2乗の、平方の ☐ triangle 名 三角形
☐ piece [píːs]	名 (物質名詞・抽象名詞を後ろに置いて) 1つ a piece of A「1つ［1個］のA」［後ろにpaper(紙), chalk(チョーク), furniture(家具), news(ニュース), information(情報), advice(助言)などを取る］

Part 8　Escape from the Crisis !

9. An old picture with my relatives and neighbors !

親戚や近所の人との1枚の古い写真！
→親戚や近所の人との懐かしい写真！

□ relative
[rélətiv]
- 名 親戚、親族
- 形 相対的な、比較上の、〜に関連した
- relative to A 「Aに比べて」
- □ relatively 副 比較的、相対的に
- □ relativity 名 相対性

□ neighbor
[néibər]
- 名 近所の人、隣人
- □ neighboring 形 近所の、隣の
- □ neighborhood 形 近所、近隣

10. I devote myself to looking through the albums.

わたしはアルバムを眺めることに専念する
→僕は夢中になってアルバムを眺める

□ devote
[divóut]
- 動(他) 〜を捧げる、〜を費やす
- devote A to B 「AをBに捧げる」
- devote oneself to B 「Bに自分自身を捧げる」→「Bに専念する」
- = be devoted to B
- □ devoted 形 献身的な
- □ devotion 名 献身、専念

11. Oh god, my genes don't have talent for cleaning !

しまった、わたしの遺伝子は掃除の才能を持っていない
→しまった、僕の遺伝子に掃除の才はない！

□ gene
[dʒíːn]
- 名 遺伝子
- □ genetic 形 遺伝子の

- [ ] talent
  [tǽlənt]

  名 才能、才能のある人 [テレビのタレントはtalentではなくpersonality]
  - [ ] talented 形 才能のある

- [ ] cleaning
  [klíːniŋ]

  名 掃除、洗濯

12 An innocent enemy will immediately emerge from the door.

無邪気な敵がすぐにそのドアから現れる
→無邪気な敵が今にもドアから現れる

- [ ] innocent
  [ínəsənt]

  形 無邪気な、無罪の
  ⇔ guilty 形 有罪の
  be innocent of A 「Aを犯していない」「Aを欠いている」
  - [ ] innocence 名 無邪気、無罪

- [ ] enemy
  [énəmi]

  名 敵

- [ ] immediately
  [imíːdiətli]

  副 すぐに
  - [ ] immediate 形 即座の、すぐ隣の、直接の

- [ ] emerge
  [imə́ːrdʒ]

  動 (自) 現れる
  - [ ] emergence 名 出現
  - [ ] emergency 名 緊急事態 (P.67参照)

13 Change the project ! Let's just get this mass of trash out of sight !

計画変更！この大量のゴミを見えないようにするだけ
→計画変更！ゴミの山を視界から消すだけ！

- [ ] change
  [tʃéindʒ]

  動 (他) 〜を変える、〜を交換する
  (自) 変わる
  名 変化、気分転換、小銭、お釣り

Part 8　Escape from the Crisis !

□ project　　　　　名 計画、企画
　[prádʒekt]　　　　動(他) 〜を計画する、〜を映し出す、〜を見積もる

□ mass　　　　　　名 かたまり、多量、(the massesの形で)一般大衆
　[mǽs]　　　　　　the mass media「マスメディア」
　　　　　　　　　　mass communication「マスコミ(による報道)」
　　　　　　　　　　□ massive 形 大きくて重い、大規模の

□ trash　　　　　　名 ゴミ
　[trǽʃ]

□ sight　　　　　　名 視界、見ること、光景、視力
　[sáit]　　　　　　catch sight of A「Aを見つける」
　　　　　　　　　　　⇔ lose sight of A「Aを見失う」
　　　　　　　　　　at the sight of A「Aを見て」
　　　　　　　　　　out of sight「見えないところに」
　　　　　　　　　　　⇔ in sight「見えるところに」

🎵14 I have fundamental theory and proper technique.

わたしは基本的な理論と適切な技術を持っている
→基本的な理論と適切な技術は持っている

□ fundamental　　　形 基本的な、根本的な
　[fʌ̀ndəméntl]　　　名 (fundamentalsの形で) 基本、基礎、原則

□ theory　　　　　名 理論
　[θíːəri]　　　　　in theory「理論的には」
　　　　　　　　　　　⇔ in practice「実際には」
　　　　　　　　　　□ theoretical 形 理論的な、理論上の

☐ proper [prápər]	形 適切な、ふさわしい、礼儀正しい ☐ properly 副 適切に、きちんと
☐ technique [tekníːk]	名 技術、手法 ☐ technical 形 技術的な technical term「専門用語」

🎵15 I called and asked her to purchase some sweet stuff.

電話をかけて、幾つか甘いものを買ってきてと彼女に頼む
→電話して甘いものを買ってきてと頼む

☐ call [kɔ́ːl]	動(他) ～に電話をかける、～を呼ぶ 　　(自) 呼ぶ、電話をかける、ちょっと訪れる 名 叫び声、(電話の)呼び出し、訪問
☐ purchase [pə́ːrtʃəs]	動(他) ～を買う 名 購入、購入品、買い物
☐ some [səm, (強めると)sʌ́m]	形 幾つかの、ある、およそ
☐ sweet [swíːt]	形 甘い、美声の、やさしい 名 甘さ、甘いデザート
☐ stuff [stʌ́f]	名 (漠然と)もの、こと、材料 動(他) ～に詰める、～を詰める

Part 8　Escape from the Crisis !

16　I succeeded in preventing her from coming on time.

わたしは彼女が時間通りに来るのを妨げることに成功した
→時間どおり来るのを妨げるのに成功

- succeed
  [səksíːd]
  動(自)[in] 成功する、[to] あとを継ぐ
  - success　名 成功
  - successful　形 成功した
  - succession　名 継承、連続
  - successive　形 連続する、継続的な

- prevent
  [privént]
  動(他) 〜を妨げる、〜を防ぐ
  prevent A from Ving 「AがVするのを妨げる」
  - prevention　名 予防
  - preventive　形 予防のための

17　Hide household waste and dead insects into the closet.

家庭の廃棄物と死んだ虫をクローゼットのなかへと隠す
→ごみを押入れに放り込む、死んだ虫も一緒に

- hide
  [háid]
  動(他) 〜を隠す
  　(自) 隠れる

- household
  [háushòuld]
  名 家庭、家族(全体)、世帯
  形 家庭の、家族の、家事の

- waste
  [wéist]
  動(他) 〜を浪費する
  名 浪費、無駄遣い、廃棄物
  形 荒れた、不用の
  - wasteful　形 無駄の多い
  - wasteland　名 荒地、荒廃した地域

- dead [déd]
  - 形 死んだ、へとへとの
  - □ death 名 死 (P.137参照)
  - □ deadline 名 締め切り

- insect [ínsekt]
  - 名 昆虫

18 Turn the carpet over to conceal marks of spilt coffee from her.

カーペットを裏返し、こぼれたコーヒーのシミを彼女から隠す
→カーペットを裏返し、コーヒーのシミを隠す

- conceal [kənsíːl]
  - 動(他) ～を隠す
  - conceal A from B「BからAを隠す」

- mark [máːrk]
  - 名 印、しみ、記号
  - 動(他) ～に印をつける

- spill [spíl]
  - 動(他) ～をこぼす、～をまき散らす
  - [spill-spilt(spilled)-spiltと変化する]
  - 名 こぼれること、流出

19 Display flowers and toys; weapons to attract her attention.

花やおもちゃ、すなわち彼女の注意を引きつける武器を飾る
→花やぬいぐるみを飾る。彼女の注意を引く武器

- display [displéi]
  - 動(他) ～を展示する、～を見せびらかす、～を示す
  - 名 展示、陳列、(感情などを)表に出すこと
  - be on display「展示されている」

- toy [tɔ́i]
  - 名 おもちゃ、ぬいぐるみ

Part 8 Escape from the Crisis !

□ weapon
[wépən]
名 武器、兵器

□ attract
[ətrækt]
動(他) ～を引きつける、～を魅了する
□ attractive 形 魅力的な、人を引きつける
□ attraction 名 魅力、人を引きつけるもの

□ attention
[əténʃən]
名 注意、注目、傾聴
pay attention to A「Aに注意を払う」

🎵 20 Ping-pong♪ "Please come in. Remove your shoes !"

ピンポン♪「どうぞ入ってください。靴を脱いで！」
→ピンポン♪「どうぞ。靴を脱いでね！」

□ remove
[rimúːv]
動(他) ～を取り除く、～を移動させる、～を脱ぐ、
　　　～を解任する
be removed from A「Aから隔たっている」
□ removal 名 除去、移動

歌って覚える英単語

Escape from the Crisis!

1. Eventually she is coming to my private room.
2. Her atmosphere and behavior is always polite.
3. She must complain of the room being untidy…

4. Escape from the crisis!

5. Open the window so as not to suffer from air pollution.
6. Abandon the paper materials from the old research.
7. Arrange the books and magazines on the shelves.

8. Oh what? What's this square piece of paper?
9. An old picture with my relatives and neighbors!
10. I devote myself to looking through the albums.

11. Oh god, my genes don't have talent for cleaning!
12. An innocent enemy will immediately emerge from the door.
13. Change the project! Let's just get this mass of trash out of sight!

14. I have fundamental theory and proper technique.

15. I called and asked her to purchase some sweet stuff.
16. I succeeded in preventing her from coming on time.
17. Hide household waste and dead insects into the closet.
18. Turn the carpet over to conceal marks of spilt coffee from her.
19. Display flowers and toys; weapons to attract her attention.

20. Ping-pong ♪ "Please come in. Remove your shoes!"

Part 9

urban romance

1. Cold clouds remain silent over the buildings.

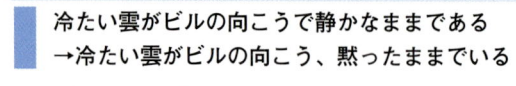

冷たい雲がビルの向こうで静かなままである
→冷たい雲がビルの向こう、黙ったままでいる

- □ cold
  [kóuld]
  - 形 冷たい
  - 名 寒さ、風邪

- □ remain
  [riméin]
  - 動(自) 〜のままでいる、とどまる
  - □ remains 名 遺跡、死体、残り

- □ silent
  [sáilənt]
  - 形 静かな、無口な
  - □ silence 名 静けさ、沈黙

2. Trains convey nervous passengers as usual.

電車はいつものように神経質な乗客を運ぶ
→ナーバスな乗客運ぶ電車、いつもどおり

- □ convey
  [kənvéi]
  - 動(他) 〜を運ぶ、〜を伝える

- □ nervous
  [nə́ː(r)vəs]
  - 形 神経質な、不安な
  - □ nerve 名 神経、図々しさ
    - get on A's nerves 「Aの神経にさわる」
    - have the nerve to V 「あつかましくもVする」

- □ passenger
  [pǽsəndʒər]
  - 名 乗客

- □ usual
  [júːʒuəl]
  - 形 いつもの
  - □ usually 副 いつもは
  - as usual 「いつものように」

Part 9　urban romance

3. The latest news is broadcasted on the screen.

最新のニュースが画面の上で放送される
→スクリーンに映し出される最新のニュース

□ latest
[léitist]
形 最新の

□ broadcast
[brɔ́:dkæst]
動(他) ～を放送する
名 放送

4. I can scarcely mention delight or sorrow.

わたしは喜びや悲しみについて述べることがほとんどできない
→喜びや悲しみをほとんど口には出せない

□ scarcely
[skέərsli]
副 ほとんど～ない
scarcely … when [before] ～　「…するとすぐに～した」
□ scarce　形 乏しい、不十分な

□ mention
[ménʃən]
動(他) ～について述べる、～に言及する
名 言及、軽く話題に触れること
not to mention　「～は言うまでもなく」

□ delight
[diláit]
名 喜び、楽しみ
動(自) 喜ぶ
　(他) ～を喜ばせる
□ delightful　形 (人を)愉快にさせる、楽しい
□ delighted　形 (人が)喜んだ、喜んで

□ sorrow
[sárou]
名 悲しみ
動(自) 悲しむ

5 Memory is fading away. I beg him to come.

記憶が消えてなくなりつつある。わたしは彼に来てと乞い求める
→記憶が消えてしまいそう。来てと乞い求める

- □ memory
  [méməri]
  - 名 記憶、記憶力
  - □ memorable 形 記憶に残る
  - □ memorize 動 ～を記憶する

- □ fade
  [féid]
  - 動(自) 薄れる、色あせる、弱まる、消えていく

- □ beg
  [bég]
  - 動(他) ～にすがってお願いする、～を乞い求める、(自)[for]乞う
  - □ beggar 名 乞食

6 I'll adjust to a complex life style.

わたしは複雑な生活スタイルに慣れるだろう
→複雑な生活スタイルに慣れる

- □ adjust
  [ədʒʌ́st]
  - 動(自)[to]慣れる、適合する
  - (他) ～に適合させる
  - adjust A to B 「AをBに適合させる」
  - □ adjustment 名 調整、順応

- □ complex
  [kɑmpléks, kɔ́mpleks]
  - 形 複雑な
  - 名 強迫観念、複合施設
  - □ complexity 名 複雑さ

- □ life
  [láif]
  - 名 生活、人生、生物

Part 9　urban romance

| □ style [stáil] | 名 様式、方法、型 |

7　I'm willing to accept an urban romance.

わたしは都会の恋を進んで受け入れる
→都会の恋を進んで受け入れるわ

| □ willing [wíliŋ] | 形 進んで〜する、喜んで〜する
be willing to V 「進んでVする」
□ willingly 副 快く、進んで
□ willingness 名 快くすること |

| □ accept [əksépt] | 動(他) 〜を受け入れる、〜を認める
□ acceptable 形 許容できる、受け入れられる
□ accepted 形 認められた
□ acceptance 名 受け入れ、容認 |

| □ urban [ə́ːrbən] | 形 都会の、都市の
⇔ rural 形 田舎の(P.87参照)
□ urbanize 動(他) 〜を都市化する
□ urbanization 名 都市化 |

| □ romance [rouméns] | 名 恋、情事、ロマンティックな雰囲気、空想小説
□ romantic 形 (関係などが)恋愛の、ロマンティックな、非現実的な |

8　Cigarette smoke will permit me to proceed.

タバコの煙はわたしが前進するのを許す
→タバコの煙あれば前に進める

| □ cigarette [sìɡərét] | 名 タバコ
□ cigar 名 葉巻 |

131

□ permit [pərmít]	動(他) ～を許す、～に許可を与える 名 許可、許可証 **permit A to V** 「AがVするのを許す」 □ permission 名 許可すること、許可 □ permissive 形 自由放任の
□ proceed [prəsíːd]	動(自) 進む、前進する □ procedure 名 手続き、手順 □ process 名 過程、経過

9 I sigh deeply, leaning against the wall.

壁にもたれながら、わたしは深くため息をつく
→壁にもたれて深いため息をつく

□ sigh [sái]	動(自) ため息をつく 　(他) ～とため息まじりに言う 名 ため息
□ deeply [díːpli]	副 深く □ deep 形 深い (P.70参照) □ deepen 動(他) ～を深くする (自) 深くなる □ depth 名 深さ
□ lean [líːn]	動(自) もたれる 　(他) ～を傾ける
□ against [əgénst]	前 ～に反して、～に反対して

10 The scenes of sparkling lights in this concrete desert gather solitude.

このコンクリートの砂漠できらめく光の場面は孤独を集める
→都会の砂漠、きらめくシーンは孤独を集める

Part 9　urban romance

□ scene [síːn]	名 場面、現場、眺め、光景 □ scenery　名 風景(sceneは数えられる名詞、sceneryは数えられない名詞) □ scenic　形 風景の、景色のいい
□ sparkling [spάːrkliŋ]	形 きらめく、まばゆい、火花を発する □ sparkle　動(自) 輝く、きらめく、火花を発する
□ concrete 米 [kɑnkríːt] 英 [kɔ́nkriːt]	形 コンクリートの、具体的な 　　⇔ abstract　形 抽象的な 名 コンクリート □ concretely　副 具体的に言うと
□ desert 名[dézərt] 動[dizə́ːrt]	名 砂漠 動(他) ～を放棄する、～を見捨てる □ deserted　形 ひっそりとした、人影がない
□ gather [gǽðər]	動(他) ～を集める 　(自) 集まる
□ solitude [sάlətjùːd]	名 孤独、寂しさ □ solitary　形 孤独な、ひとりだけの

🎵11　People ignore awful advertising signs and violence.

人々はひどい広告や暴力を無視する
→ひどい広告や暴力を素通りする人

□ ignore [ignɔ́ːr]	動(他) ～を無視する □ ignorance　名 無知 □ ignorant　形 無知な

133

- awful
  [ɔ́:fl]
  - 形 ひどい、恐ろしい、嫌な
  - awfully 副 ひどく、ものすごく
  - awe 名 畏敬の念

- advertising
  [ǽdvərtàiziŋ]
  - 名 広告
  - advertisement 名 広告 (adと省略して使うことが多い)
  - advertise 動(他) 〜を広告する、〜を宣伝する

- sign
  [sáin]
  - 名 しるし、記号、兆候、標識
  - 動(他) 〜に署名する、〜に合図する
  - signature 名 署名 (芸能人などのサインはautograph)
  - signal 名 合図

- violence
  [váiələns]
  - 名 暴力
  - violent 形 乱暴な、暴力的な、激しい
  - violate 動(他) 〜に違反する

12 I shift gear and rush into the midnight highway.

わたしはギアを変え、真夜中の幹線道路へと急ぐ
→ギアを変え、ミッドナイトのハイウェイへと急ぐ

- shift
  [ʃíft]
  - 動(他) 〜を変える、〜を移す
  - (自) 転じる
  - 名 変化、交替、移動

- rush
  [rʌ́ʃ]
  - 動(自) 急ぐ、急いでいく
  - (他) 〜を急いでやる、〜を突破する
  - 名 急ぎ、あわただしさ

- midnight
  [mídnàit]
  - 名 真夜中
  - 形 真夜中の

Part 9 | urban romance

| □ highway | 名 幹線道路、主要道路、高速道路 |
| [háiwèi] | |

13 I can hardly distinguish a lie from the truth.

嘘と真実を見分けることはほとんどできない
→嘘とホントを見分けることはほとんどできない

| □ hardly | 副 ほとんど〜ない |
| [há:*r*dli] | hardly…when〜「…するとすぐに〜した」 |

□ distinguish	動(他) 見分ける、区別する
[distíŋgwiʃ]	distinguish A from B 「AとBを見分ける」
	□ distinction 名 区別
	□ distinct 形 はっきりした、独特な
	□ distinctive 形 区別できる
	□ distinguished 形 著名な

| □ lie | 名 嘘 |
| [lái] | 動(自) 嘘を言う、横になる (P.83参照) |

| □ truth | 名 真実 |
| [trú:θ] | □ true 形 本当の |

14 I wander this narrow path to an urban happiness.

わたしは都会の幸せへの狭い小道を歩き回る
→幸せへの狭い通りをさまよい歩くの

| □ wander | 動(自) 歩き回る、さまよう |
| [wándə*r*] | |

□ narrow	形 狭い、細い
[nǽrou]	動(他) 〜を狭くする
	□ narrowly 副 かろうじて、危うく、狭く

☐ path 米 [pæθ] 英 [pάːθ]	名 小道、進路、軌道

🎵15 Circumstances somehow hurt my feelings.

状況はどういうわけかわたしの感情を傷つける
→事態はなぜだか心を傷つける

☐ circumstance [sə́ːrkəmstæns]	名 状況、事情、生活状態 under the circumstances 「そういう状況では、現状では」 in [under] no circumstances 「けっして〜ない」
☐ somehow [sʌ́mhàu]	副 どういうわけか、なぜか、何とかして
☐ hurt [hə́ːrt]	動(他) 〜を傷つける、〜の心を傷つける (自) 痛む、痛める 名 傷 hurt oneself「怪我をする」= get hurt
☐ feeling [fíːliŋ]	名 感覚、感じ、(feelingsの形で) 感情

🎵16 I'm about to freeze to death in this lonely bed.

わたしはこの孤独なベッドのなかで凍えて死にそうになる
→孤独なベッドのなか、凍えて死にそうになる

☐ about [əbáut]	前 〜しようとしている、〜のまわりに、〜のあたりに、 　〜について、およそ be about to V 「まさにVしようとしている」
☐ freeze [fríːz]	動(自) 凍りつく、動かなくなる (他) 〜を凍らせる 名 氷結

Part 9　urban romance

- [ ] death
[déθ]

名 死
- [ ] dead　形 死んだ、へとへとの (P.124参照)
　　　　名 (the deadの形で) 死者たち

- [ ] lonely
[lóunli]

形 孤独な、ひとりぼっちの、人里離れた
- [ ] loneliness　名 孤独、寂しさ

17 Urban romance will sometimes puzzle females.

都会の恋は時々女を当惑させる
→時に女を悩ます都会の恋

- [ ] puzzle
[pʌ́zl]

動 (他) ～を当惑させる、～を困らせる
　　(自) 頭を悩ます、当惑する
名 難問、謎
be puzzled at A 「Aに当惑する」

- [ ] female
[fí:meil]

名 女　　⇔ male 名 男
形 女の　　　　　 形 男の

18 I'm determined to live and breathe in this town.

この街で生きて呼吸をすると決心している
→この街で生きて呼吸をすると決めたのよ

- [ ] determine
[ditə́:rmin]

動 (他) ～を決める、～を決心する　(自) 決める
- [ ] determination　名 決心
- [ ] determined　形 決心した
be determined to V 「Vしようと決心している」

- [ ] breathe
[brí:ð]

動 (自) 呼吸する　(他) ～を吸い込む
- [ ] breath　名 呼吸
- [ ] breathless　形 息切れした

歌って覚える英単語

urban romance

1. Cold clouds remain silent over the buildings.
2. Trains convey nervous passengers as usual.
3. The latest news is broadcasted on the screen.

4. I can scarcely mention delight or sorrow.

5. Memory is fading away. I beg him to come.

6. I'll adjust to a complex life style.
7. I'm willing to accept an urban romance.
8. Cigarette smoke will permit me to proceed.
9. I sigh deeply, leaning against the wall.

10. The scenes of sparkling lights in this concrete desert gather solitude.
11. People ignore awful advertising signs and violence.
12. I shift gear and rush into the midnight highway.

13. I can hardly distinguish a lie from the truth.

14. I wander this narrow path to an urban happiness.

15. Circumstances somehow hurt my feelings.
16. I'm about to freeze to death in this lonely bed.
17. Urban romance will sometimes puzzle females.
18. I'm determined to live and breathe in this town.

Part 10

Love Song

1. The sun gradually makes the ocean red at dusk.

夕暮れ時に太陽が次第に海を赤くする
→海が次第に染まる夕暮れ

- □ gradually
  [grǽdʒuəli]
  - 副 次第に、徐々に
    - □ gradual 形 徐々の、少しずつ、
    - □ grade 名 成績、学年、等級

- □ dusk
  [dʌ́sk]
  - 名 夕暮れ、たそがれ
    at dusk「夕暮れ時に」
    ⇔ dawn 名 夜明け 動 (自)分かりはじめる
    at dawn「夜明けに」
    dawn on A「Aに分かりはじめる」

2. You're completely absorbed in watching the horizon.

あなたは水平線を見ることに完全に夢中になっている
→水平線に見とれてる君

- □ completely
  [kəmplíːtli]
  - 副 完全に、すっかり
    - □ complete 形 完全な、完成した、まったくの
      ⇔ incomplete 形 不完全な
    - □ completion 名 完成、完了

- □ absorb
  [əbsɔ́ːrb]
  - 動 (他) ～を吸収する、～の心を奪う、～を夢中にさせる
    be absorbed in A「Aに夢中になる」

- □ horizon
  [həráizn]
  - 名 地平線、水平線
    - □ horizontal 形 水平な

3. Your tears for the decade dissolved in the waves.

あなたの10年間の涙は波に溶けた
→10年の涙は波に溶け

Part 10　Love Song

- □ tear
  - 名 [tíər]
  - 動 [téər]

  名 (通例tearsの形で)涙
  動 (他) ～を引き裂く　(自) 裂ける
  burst into tears「わっと泣き出す」
  tear A apart「Aを引き裂く」
  be tore between～「～の間で板ばさみになる」

- □ decade
  - [dékeid]

  名 10年
  □ century　名 100年、1世紀
  □ millennium　名 1000年

- □ dissolve
  - [dizálv]

  動 (自) 溶ける
  　　(他) ～を溶かす、～を解散する

- □ wave
  - [wéiv]

  名 波
  動 (自) 波打つ、(手などを振って)あいさつする
  　　(他) ～を揺り動かす

4　Our story will continue to make progress.

わたしたちの物語は前進し続ける
→歩み続ける僕らのストーリー

- □ continue
  - [kəntínju:]

  動 (他) ～を続ける　(自) 続く
  □ continuous　形 絶え間ない
  □ continual　形 繰り返し起こる
  □ continually　副 絶えず
  □ continuity　名 連続性

- □ progress
  - [prágres]

  名 前進、進歩、発展
  動 (自) 前進する、進歩する
  make progress (in A)「(Aにおいて)前進する」
  □ progressive　形 進歩的な
  □ progressively　副 次第に

5 Comfortable breezes allow me to hold you tight.

わたしがあなたを強く抱きしめるのを、心地いいそよ風が許す
→心地いい風吹き君を強く抱く

□ comfortable　形 快適な、くつろいだ
[kʌ́mfərtəbl]
　　　□ comfort 名 快適さ、慰め、安らぎ ⇔ discomfort 名 不快
　　　　　　　動(他) 〜を慰める、〜を元気づける、
　　　　　　　　　　〜に安らぎを与える
　　　　in comfort「くつろいで」

□ breeze　名 そよ風
[bríːz]

□ allow　動(他) 〜を許す、〜を許可する
[əláu]　　⇔ forbid 動 〜を禁ずる
　　　allow A to V「AがVするのを許す」
　　　allow for A「Aを考慮に入れる」
　　　□ allowance 名 小遣い、(会社などが支給する)手当て

□ hold　動(他) 〜を抱く、〜を持つ、〜を開催する、〜と考える
[hóuld]　名 把握
　　　hold true (for A)「(Aに)あてはまる」
　　　hold on to A「Aにしがみつく」
　　　hold oneself「じっとしている」
　　　hold on「電話などを切らないでおく」
　　　hold out「(燃料・抵抗などが)持ちこたえる」

Part 10　Love Song

| □ tight
[táit] | 形 きつい、(予定などが)ぎっしり詰まった、厳しい、ケチな　⇔ loose 形 ゆるい
副 きつく、堅く
□ tighten 動(他) ～をきつくする、～を引き締める |

6 The pleasure and grief I share with you

わたしがあなたと共有する喜びと悲しみが
→君と分けあう喜び悲しみ

[歌詞の次の行とセットになってひとつの文]

□ pleasure [pléʒər]	名 喜び、楽しみ □ please 動(他) ～を喜ばせる、～を満足させる 　　　　　 副 どうか □ pleasant 形 楽しい、愉快な □ pleased 形 満足した
□ grief [gríːf]	名 悲しみ、悲嘆 □ grieve 動(自) 深く悲しむ　(他) ～を深く悲しませる □ grievance 名 苦情
□ share [ʃέər]	動(他) ～を共有する、～を分ける 名 分け前、分担、役割 share A with B「AをBと共有する」

7 provide me with kindness and courage.

優しさと勇気を私に与える
→優しさと勇気与えてくれる

| □ provide
[prəváid] | 動(他)～を供給する、～を与える、～に備える
　　(自) 養う
provide A with B = provide B for A「AにBを与える」
provide for A「Aに備える、Aを養う」 |

143

- provision 名 供給、用意
- provided(= providing) 接 もし〜ならば (= if)

□ kindness
[káindnis]

名 親切、優しさ、思いやり
- kind 形 親切な、優しい、寛大な
      名 種類 (P.73参照)

□ courage
[kə́:ridʒ]

名 勇気
- encourage 動(他) 〜を勇気づける、〜を励ます
            (P.26参照)
- courageous 形 勇敢な

8. I want to transmit the warmth of my hands,

わたしの両手の温かさを伝えたい
→いま伝えたいこの手のぬくもり

[歌詞の次の行とセットになってひとつの文]

□ transmit
[trænsmít]

動(他) 〜を送る、〜を伝える、(病気などを)移す
- transmission 名 伝達、伝導

□ warmth
[wɔ́:rmθ]

名 暖かさ、暖かいこと
- warm 形 暖かい、思いやりのある

9. which expresses my sincere emotion.

それがわたしの心からの感情を表現する
→これが僕の心からの気持ち

□ express
[iksprés]

動(他) 〜を表現する
形 急行の、はっきりした、速達の
名 (電車などの)急行、(荷物の)速達便
- expression 名 表現、表情
- expressive 形 表現力に富む

144

Part 10　Love Song

□ sincere	形 誠実な、心からの
[sinsíər]	□ sincerity 名 誠実、誠意
	□ sincerely 副 心から、本当に

□ emotion	名 感情
[imóuʃən]	□ emotional 形 感情的な、感情に訴える

🎵10　This familiar photo and our favorite melody

このなじみの写真とわたしたちのお気に入りのメロディーは
→なじみの写真、お気に入りのメロディ

[歌詞の次の行とセットになってひとつの文]

□ familiar	形 なじみの、よく知られた、精通している
[fəmíljər]	⇔ unfamiliar 形 よく知らない
	be familiar to A「A(人)によく知られた」
	be familiar with A「A(物事)をよく知った」
	□ familiarity 名 親しさ、精通

□ favorite	形 お気に入りの、一番好きな
[féivərit]	名 お気に入り
	□ favorable 形 好意的な、好都合の (P.70参照)
	□ favor 名 好意、親切
	動(他) ~を支持する、~をえこひいきする

🎵11　remind us of our days gone by.

わたしたちに過ぎ去りし日々を思い出させる
→過ぎた日々を思い出させる

□ remind	動(他) ~に思い出させる、~に気づかせる
[rimáind]	remind A of B「AにBを思い出させる」(of Bの代わりにthatSVでもOK)
	remind A to V「AにVすることを思い出させる」
	□ reminder 名 督促状、思い出させるもの

12 My background is altogether different from yours.

わたしの生い立ちはあなたのものとまったく違う
→僕らの生い立ちはまったく違う

- □ background [bǽkgràund]
  - 名 背景、生い立ち、経歴

- □ altogether [ɔːltəgéðər]
  - 副 完全に、まったく、全部で

- □ different [dífərənt]
  - 形 違った
  - be different from A「Aと違う」
    - □ differ 動(自) 異なる、違う
      - differ from A「Aと違う」
      - differ in A「Aという点において違う」
    - □ difference 名 違い、相違

13 But I know both your strength and weakness.

しかしわたしはあなたの強さと弱さ両方とも知っている
→でも知ってる、君の強さ弱さ

- □ strength [stréŋkθ]
  - 名 強さ、力、長所
    - □ strengthen 動(他) 〜を強くする
    - □ strong 形 強い

- □ weakness [wíːknis]
  - 名 弱さ、弱点、短所
  - have a weakness for A「Aに目がない」
    - □ weaken 動(他) 〜を弱くする
    - □ weak 形 弱い

Part 10　Love Song

14 Watching fascinating stars in the sky, I kiss you.

魅力的な星空を見て、わたしはあなたにキスをする
→魅力ある星見て君にキスをする

□ fascinating　形 魅力的な、魅惑的な
　[fǽsənèitiŋ]
　　　□ fascinate　動(他) ～を魅惑する、～を夢中にさせる
　　　□ fascination　名 魅惑、魅力
　　　□ fascinated　形 うっとりした

15 Whatever trouble or difficulty we may face,

たとえどんな苦労や困難にわたしたちが直面しようとも
→どんな困難二人出会おうとも
　　　　　　　　　　[歌詞の次の行とセットになってひとつの文]

□ trouble　名 悩み、苦労、大変な状況、迷惑、紛争、故障
　[trʌ́bl]　動(他) ～を悩ます、～に迷惑をかける
　　　　　　(自) 心配する
　　　be in trouble「大変なことになっている」
　　　have trouble Ving「Vするのに苦労する」
　　　The trouble is that ～「困ったことに～」
　　　get into trouble「ごたごたを起こす」
　　　take the trouble to V「わざわざVする」
　　　trouble to V「わざわざVする」
　　　□ troublesome　形 やっかいな、骨の折れる

□ difficulty　名 困難、難しさ
　[dífikəlti]
　　　have difficulty in Ving「Vするのが困難である」
　　　□ difficult　形 難しい、困難な、骨の折れる

- [ ] face
  [féis]
  - 動(他) 〜に直面する
  - (自) (〜の方に)向いている、迫っている
  - 名 顔、表面
  - be faced with A「Aに直面する」

16 absolutely I'll never part with you.

絶対にわたしはあなたと別れないだろう
→けっして君を手放したりしない

- [ ] absolutely
  [ǽbsəlùːtli]
  - 副 絶対に、まったく、完全に
  - [ ] absolute 形 絶対の、完全な
    - ⇔ relative 形 相対的な

- [ ] part
  [páːrt]
  - 動(自)[with] 手放す
  - (他) 〜を分ける、〜を引き離す
  - 名 部分、部品、役割、分け前、側
  - take part in A「Aに参加する」(= participate in A)
  - in part「一部は」
  - [ ] partial 形 部分的な、一部の、不公平な
    - ⇔ impartial 形 偏らない、公平な
  - [ ] partly 副 部分的には、一部分は、ある程度は

17 You should trust me and follow me forever.

あなたはずっとわたしを信じて、わたしについてくるといい
→信じて僕についておいで、ずっと

- [ ] trust
  [trást]
  - 動(他) 〜を信用する、〜を信頼する
  - 名 信用、信頼
  - trust A with B = trust B to A「AにBを任せる」
  - [ ] trustworthy 形 信頼に値する

- [ ] follow
  [fálou]
  - 動(他) 〜についていく、〜の後に続く、〜に従う
  - (自)次に続く

Part 10　Love Song

A be followed by B「Aの後にBが続く」
as follows「次のように」
It follows that ～「(当然の帰結として)～ということになる」
□ following 形 次の、以下のような
□ follower 名 信奉者

18 I decided to love you and protect you.

わたしはあなたを愛し、あなたを守ることを決めた
→決めたんだ、君を愛し、守ってく

□ decide　　動(他) ～を決める、～を決意する
[disáid]　　decide to V「Vすることに決める」
　　　　　　decide on A / Ving「A／～することに決める」
　　　　　　□ decision 名 決意、決定
　　　　　　□ decisive 形 決定的な、断固とした、決断力がある

□ protect　　動(他) ～を守る、～を保護する
[prətékt]　　protect A from B「AをBから守る」
　　　　　　□ protective 形 保護の、保護用の
　　　　　　□ protection 名 保護

19 I love you. I can't find any other alternative.

愛してる。わたしは他に誰も代わりを見つけられない。
→好きなんだ。代わりは誰もいない

□ alternative　　名 代わりのもの、選択肢、二者択一
[ɔːltɚ́rnətiv]　　□ alternate 動(他) ～と交互にする
　　　　　　　　　　　　　　(自)[with] 交互に起こる
　　　　　　　　　　　　　形 交互の、代わりの
　　　　　　　alternate A with B「AとBを交互にする」

20 I expect you to be with me in a million years from now.

あなたが今から100万年私と一緒にいてくれることをわたしは期待する
→ 100万年先も隣は君

□ expect
 [ikspékt]

動(他) ～を予期する、～を期待する
expect to V「Vする予定である」
expect A to V「AがVするのを予期する」
expect A of [from] B「BにAを期待する」
□ expectation 名 予期、期待 (P.40参照)

□ million
 [míljən]

名 100万
□ billion 名 10億
□ millionaire 名 100万長者

歌って覚える英単語

Love Song

1. The sun gradually makes the ocean red at dusk.
2. You're completely absorbed in watching the horizon.

3. Your tears for the decade dissolved in the waves.
4. Our story will continue to make progress.

5. Comfortable breezes allow me to hold you tight.

6. The pleasure and grief I share with you
7. provide me with kindness and courage.
8. I want to transmit the warmth of my hands,
9. which expresses my sincere emotion.

10. This familiar photo and our favorite melody
11. remind us of our days gone by.

12. My background is altogether different from yours.
13. But I know both your strength and weakness.

14. Watching fascinating stars in the sky, I kiss you.

15. Whatever trouble or difficulty we may face,
16. absolutely I'll never part with you.
17. You should trust me and follow me forever.
18. I decided to love you and protect you.

6. The pleasure and grief I share with you
7. provide me with kindness and courage.
19. I love you. I can't find any other alternative.
20. I expect you to be with me in a million years from now.

Urban romance

1コマ目:
Urban romanceで単語暗記中
素敵な曲...
都会の恋かぁ〜
憧れちゃうな

2コマ目:
タバコの煙に...
ミッドナイトのハイウェイ
おとな〜

3コマ目:
でもぉ〜
こういうイカニモ！って都会を表現できる人って...
クズっ

4コマ目:
逆にすご〜い♡
田舎出身だったりするのよねェ〜
うふっ
イヤ〜ン

Love Song

1コマ目:
あの子今年こそ
どこかに決まってくれるといいけど...
スタスタ

2コマ目:
入るわヨ〜
ガチャッ
歌って覚え中

3コマ目:
決めたんだ！
君を愛し守ってく！

4コマ目:
もっ...
もう一年だわ〜
ガーン

その他の単語（1）

最重要だけど、歌詞に収録しきれなかった単語

　最重要単語をすべて歌詞のなかに網羅したかったものの、取り込みきれなかったものがあります。だけど、「最重要」なのでぜひとも覚えておいてもらいたい。ここでは、そういう単語を並べておきます。自分で辞書などを確認しつつ、例文の形にし、それにリズムをつけて暗記できれば理想的。もしできなければ、「直前期に一気に」でもいいので、入試までに必ず覚えるようにしてください。いつ何時出題されてもおかしくないものばかりです。

　なお、このなかの幾つかは、前作『歌って覚える英文法完全制覇』の付属CD『ココから世界に通じてる』の収録曲の歌詞に取り込まれていますので、そちらで覚えてくださってもOKですよ！　と言うか、前作はぜひともチェックしてくださいね。学習する順番からいうと、「英文法→英単語」の順番が効率いいですから。

1. 動詞

□ add
[ǽd]
(他) 〜を加える　(自) 加える、足し算をする
add A to B「AにBを加える」
add to A「Aを増やす」
add up to A「合計してAになる」
  □ addition 名 追加、増加、足し算
    in addition (to A)「(Aに)加えて」
  □ additional 形 追加の

□ adopt
[ədápt]
(他) 〜を採用する、〜を養子にする
  □ adoption 名 採用、養子縁組

□ afford
[əfɔ́ːrd]
(他) 〜をする[持つ]余裕がある、〜を与える
can afford to V「Vする余裕がある」
  □ affordable 形 手に入る、入手可能な

□ alarm
[əláːrm]
(他) 〜をはっとさせる、〜をおびえさせる
名 警報、警告、目覚まし時計、驚き、不安

□ announce
[ənáuns]
(他) 〜を発表する、〜を知らせる
  □ announcement 名 発表、通知

□ apply
[əplái]
(自) あてはまる、申し込む
(他) 〜をあてはめる、〜を応用する
apply A to B「AをBにあてはめる」
apply to A「Aにあてはまる」
apply (to A) for B「(Aに)Bを申し込む」
  □ application 名 適用、応用、申し込み

その他の単語(1) 最重要だけど、歌詞に収録しきれなかった単語

☐ applicant 名 応募者
☐ applicable 形 適用できる

☐ appreciate
[əpríːʃièit]
(他) ~の真価を認める、~を鑑賞する、~に感謝する

☐ argue
[áːrgjuː]
(他) ~と主張する、~を議論する
(自) 議論する、口論する
☐ argument 名 議論、主張、論争

☐ associate
[əsóuʃièit]
(他) ~を関連づける　(自) ~と付き合う
associate A with B「AをBと関連づける」
associate with A「Aと付き合う」
☐ association 名 協会、連想、交際

☐ base
[béis]
(他) ~の基礎を置く
名 基礎、根拠、土台
A be based on B「AがBに基づく」
base A on B「Aの基礎をBに置く」
☐ basic 形 基礎的な

☐ belong
[bilɔ́ːŋ]
(自) 所属する、(~の)所有物である
belong to A「Aに所属する」
☐ belongings 名 所有物

☐ combine
[kəmbáin]
(他) ~を結合させる、~を組み合わせる
(自)[with] 結合する
combine A with B「AをBと結合させる」
☐ combination 名 結合、組み合わせ

- [ ] **commit**
  [kəmít]

  (他) 〜を犯す、〜を委ねる
  be committed to A「Aに献身する」「Aにのめりこむ」
  - [ ] commitment 名 献身、傾倒
  - [ ] commission 名 委任、任務、委員会

- [ ] **concentrate**
  [kánsəntrèit]

  (自) 集中する (他) (注意など)を集中させる
  concentrate on A「Aに集中する」
  concentrate A on B「AをBに集中させる」
  - [ ] concentration 名 集中、専念

- [ ] **conduct**
  動[kəndʌ́kt]
  名[kándʌkt]

  (他) 〜を実施する、〜を導く、〜を指揮する、〜を管理する
  名 行動、管理

- [ ] **consist**
  [kənsíst]

  (自) (〜から)成る、(〜に)ある
  consist of A「Aから成り立つ」
  consist in A「Aに存在する」
  - [ ] consistent 形 一致する、首尾一貫した
  - [ ] consistency 名 一貫性

- [ ] **consume**
  [kənsjúːm]

  (他) 〜を消費する
  - [ ] consumption 名 消費
  - [ ] consumer 名 消費者

- [ ] **contain**
  [kəntéin]

  (他) 〜を含む、〜を中に入れている、〜を収容する
  - [ ] container 名 容器

- [ ] **contribute**
  [kəntríbjuːt]

  (自) 貢献する、寄与する (他) 〜を寄付する
  contribute to A「Aに貢献する」
  contribute A to B「AをBに寄付する」
  - [ ] contribution 名 貢献、寄付

その他の単語(1)　最重要だけど、歌詞に収録しきれなかった単語

□ cure
[kjúər]
(他) ~を治療する、~を治す
名 治療法、治療、解決
cure A of B「A(人)のB(病気など)を治す」

□ decline
[dikláin]
(自) 衰える、衰退する　(他) ~を断る、~を辞退する
decline to V「Vすることを断る」

□ delay
[diléi]
(他) ~を遅らせる、~を延期する
名 遅延、延期

□ deliver
[dilívər]
(他) ~を配達する、(演説など)をする
□ delivery 名 配達

□ deny
[dinái]
(他) ~を否定する、~を与えない
deny Ving「Vできない」
deny A B ＝ deny B to A「AにBを与えない」
□ denial 名 否定

□ derive
[diráiv]
(自) (~に)由来する　(他) ~を引き出す
derive from A ＝ be derived from A「Aに由来する」
derive A from B「BからAを引き出す」

□ deserve
[dizə́:rv]
(他) ~に値する、~を受ける価値がある
deserve to V「Vするに値する」
deserve Ving ＝ deserve to be Vp.p.「Vされるに値する」

□ disturb
[distə́:rb]
(他) ~を妨げる、~の邪魔をする
□ disturbance 名 混乱、妨害
□ disturbing 形 平静を乱す

157

☐ divide [diváid]	(他) ~を分ける　(自) (~に)分かれる divide A into B「Aを分けてBにする」 ☐ division 名 分割、部門
☐ earn [ə́ːrn]	(他) (お金など)を稼ぐ、(評判、名声など)を得る earn A's living「生計をたてる」
☐ employ [implɔ́i]	(他) ~を雇う、~を用いる 　　⇔ dismiss (他) ~を解雇する ☐ employment 名 雇用、職、使用 ☐ employer 名 雇用者 ☐ employee 名 従業員
☐ estimate [éstəmeit]	(他) ~を評価する、~を見積もる 名 見積もり ☐ underestimate (他) ~を過小評価する ☐ overestimate (他) ~を過大評価する
☐ expose [ikspóuz]	(他) ~をさらす、~を暴露する 　　⇔ conceal (他) ~を隠す expose A to B「AをBにさらす」 ☐ exposure 名 暴露、露出
☐ extend [iksténd]	(他) ~を延長する、~を広げる　(自) 広がる、伸びる ☐ extension 名 延長、拡張 ☐ extent 名 程度、範囲 　to some extent「ある程度まで」 ☐ extensive 形 広範囲の

その他の単語(1) 最重要だけど、歌詞に収録しきれなかった単語

□ guess
[gés]

(他) 〜を推測する、〜と考える、〜を言い当てる
名 推測

□ identify
[aidéntəfài]

(他) 〜を同一のものと確認する、〜の正体を確認する
identify A with B「AをBとみなす」
□ identification 名 身元確認、身分証明
□ identity 名 身元、正体、同一であること
□ identical 形 同一の

□ imply
[implái]

(他) 〜を暗に意味する、〜をほのめかす
□ implication 名 暗示、ほのめかし

□ import
[impɔ́ːrt]

(他) 〜を輸入する ⇔ export (他) 〜を輸出する
名 輸入、輸入品　　　　　　名 輸出

□ impose
[impóuz]

(他) (意見など)を押しつける、(義務など)を課す
impose A on B「AをBに課す」
□ imposing 形 とても印象的な

□ improve
[imprúːv]

(他) 〜を向上させる、〜を改善する
(自) 向上する、よくなる
□ improvement 名 進歩、改良

□ increase
[inkríːs]

(自) 増える　(他) 〜を増やす
名 増加
　　⇔ decrease (自) 減る (他) 〜を減らす 名 減少
on the increase「増加して」
□ increasingly 副 ますます

☐ inspire [inspáiər]	(他) ～を奮い立たせる、～をやる気にさせる、 　　～を吹き込む ☐ inspiration　名 霊感、ひらめき ☐ inspiring　形 奮い立たせるような
☐ invent [invént]	(他) ～を発明する ☐ invention　名 発明 ☐ inventive　形 発明の才のある
☐ judge [dʒʌdʒ]	(他) ～を判断する、～を裁く 名 裁判官、判事、審判 judging from A 「Aから判断すると」 ☐ judgment　名 判断、裁判
☐ locate [lóukeit]	(他) ～に位置する、～にある、～の場所を見つける be located in A 「Aに位置する」 ☐ location　名 位置、場所、所在地、ロケ
☐ manufacture [mænjufǽktʃər]	(他) ～を製造する 名 製造、(manufacturesの形で)製品 ☐ manufacturer　名 製造業者
☐ match [mætʃ]	(他) ～に匹敵する、～と調和する 名 試合、競争相手、よくつり合う人・もの
☐ notice [nóutis]	(他) ～に気づく、～に通知する、～だと分かる 名 通知、刑事、注目、注意 take notice of A 「Aに注意する」 ☐ noticeable　形 人目を引く

その他の単語(1) 最重要だけど、歌詞に収録しきれなかった単語

□ obtain
[əbtéin]
(他) ～を得る
□ obtainable 形 入手可能な

□ occupy
[ákjupài]
(他) ～を占める、～を占拠する
be occupied with A「Aに従事している」

□ own
[óun]
(他) ～を所有する
形 自分自身の、独自の
A of one's own「自分自身のA」
on one's own「ひとりで」

□ participate
[pɑːrtísəpèit]
(他) (～に)参加する
participate in A「Aに参加する」
□ participation 名 参加
□ participant 名 参加者

□ perform
[pərfɔ́ːrm]
(他) ～を行う、～を演奏する、～を上演する
□ performance 名 実行、演奏、上演

□ possess
[pəzés]
(他) ～を所有する、～にとりつく
□ possession 名 所有
□ possessive 形 所有の、所有欲の強い

□ preserve
[prizə́ːrv]
(他) ～を保存する、～を保護する、～を保つ
□ preservation 名 保存、保護

□ produce
[prədjúːs]
(他) ～を生産する、～を産み出す
□ product 名 製品
□ production 名 生産、生産高
□ productive 形 生産的な

- [ ] productivity 名 生産性
- [ ] by-product 名 副産物
- [ ] producer 名 生産者、プロデューサー

☐ promote
[prəmóut]
(他) ~を促進する、~を昇進させる
be promoted「昇進する」
- [ ] promotion 名 促進、昇進

☐ publish
[pʌ́bliʃ]
(他) ~を出版する、~を発表する
- [ ] publication 名 出版、発表
- [ ] publisher 名 出版社

☐ quit
[kwít]
(他) ~をやめる (自) 辞職する
quit Ving「Vすることをやめる」

☐ react
[riǽkt]
(自) 反応する、作用する、反発する
- [ ] reaction 名 反応、反発
- [ ] reactionary 形 反動的な

☐ recover
[rikʌ́vər]
(自) (~から)回復する、元気になる
(他) ~を取り戻す、~を回復する
recover from A「Aから回復する」
- [ ] recovery 名 回復、取り戻すこと

☐ reduce
[ridjúːs]
(他) ~を減らす、~に降格する、~に変える
(自) 減少する
be reduced to A / Ving「Aに変えられる」「Vするはめになる」
reduce A to B「AをB(悪い状態)にする」
- [ ] reduction 名 減少、削減、割引

その他の単語(1) 最重要だけど、歌詞に収録しきれなかった単語

- [ ] refer
  [rifə́ːr]

  (自) 言及する、参照する　(他) ～に差し向ける
  refer to A「Aに言及する」「Aを参照する」
  refer to A as B「AをBと呼ぶ」
  - [ ] reference 名 言及、参照

- [ ] release
  [rilíːs]

  (他) ～を解放する、～を自由にする、～を発表する
  名 解放、放出、発表、発売
  release A from B「AをBから解放する」

- [ ] remark
  [rimáːrk]

  (他) ～と述べる、～と言う　(自) 意見を述べる
  名 意見、発言、言葉
  - [ ] remarkable 形 注目すべき、著しい、例外的な
  - [ ] remarkably 副 著しく

- [ ] rent
  [rént]

  (他) ～を賃借りする、～を賃貸しする
  名 家賃、賃貸料、使用料
  rent the house from A「Aから家を賃借りする」
  rent the house to A「Aに家を賃貸しする」
  - [ ] rental 形 賃借の、賃貸の　名 使用量

- [ ] repair
  [ripέər]

  (他) ～を修理する、～を回復する
  名 修理、回復

- [ ] represent
  [rèprizént]

  (他) ～を表す、～を代表する
  - [ ] representation 名 表現、代表
  - [ ] representative 名 代表者　形 代表の、代表的な

- [ ] resemble
  [rizémbl]

  (他) ～に似ている
  - [ ] resemblance 名 類似、似ていること

□ reserve [rizə́:rv]	(他) 〜を予約する、〜を取っておく 名 蓄え、保護区、遠慮 be reserved for A「Aに取っておかれている」 □ reserved 形 予約した、控えめな □ reservation 名 予約、保存
□ resist [rizíst]	(他) 〜に抵抗する、〜に敵対する、〜に耐える □ resistance 名 抵抗力 □ resistant 形 抵抗する、抵抗力のある □ irresistible 形 抵抗できない、とても魅力的な
□ respond [rispánd]	(自) 答える、反応する respond to A「Aに答える」「Aに反応する」 □ response 名 返答、反応
□ stress [strés]	(他) 〜を強調する 名 強調、ストレス、緊張 □ stressful 形 ストレスの多い
□ suit [sjú:t]	(他) 〜に合う、〜に似合う、〜に適する 名 スーツ □ suitable 形 適した、ふさわしい
□ suspect [səspékt]	(他) 〜ではないかと思う、〜を疑う、〜に容疑をかける 名 容疑者、疑わしいもの suspect A of B「AにBの疑いをかける」 suspect A to be B「AがBではないかと疑う」 suspect that 〜「〜だと思う」(suspectはsupposeに近い) doubt that 〜「〜ではないと思う」(doubtはdon't believeに近い)

その他の単語(1) 最重要だけど、歌詞に収録しきれなかった単語

□ suspicion 名 容疑、疑い
□ suspicious 形 怪しい、疑わしい

□ threaten
[θrétn]

(他) ～を脅す、～を脅迫する、～を脅かす、
　～の恐れがある
threaten to V 「Vすると脅迫する」「Vする恐れがある」
□ threatening 形 脅迫的な、脅かす
□ threat 名 脅迫、おどし

2. 名詞

□ agency
[éidʒənsi]

代理店、(政治的)機関、仲介
□ agent 名 代理人、代理店、斡旋業者

□ basis
[béisis]

基礎、根拠、方式、やり方
on the basis of A 「Aに基づいて」

□ brain
[bréin]

脳、頭脳、(the brainの形で)知識人、(brainsの形で)知能、ブレーン
brain death 「脳死」

□ branch
[bræntʃ]

枝、支店、部門

□ cancer
[kǽnsər]

癌、(会社などの)害悪

□ context
[kántekst]

文脈、(文化的・社会的)状況、背景

- [ ] crime
 [kráim]

 罪
 commit a crime「罪を犯す」
 - [ ] criminal 形 犯罪の 名 犯罪者

- [ ] democracy
 [dimάkrəsi]

 民主主義、民主国家
 - [ ] democratic 形 民主(主義)的な
 - [ ] democrat 名 民主党員、民主主義者

- [ ] department
 [dipά:rtmənt]

 部門、課、売場、(米国政府の)省、(大学などの)学科
 a department store 「デパート」

- [ ] detail
 [dí:teil, ditéil]

 細部、詳細
 in detail 「詳細に」
 - [ ] detailed 形 詳細な

- [ ] disease
 [dizí:z]

 病気

- [ ] electricity
 [ilèktrísəti]

 電気
 - [ ] electric 形 電気の、電動の
 - [ ] electronic 形 電子(工学)の
 - [ ] electrical 形 電気に関する

- [ ] evidence
 [évədens]

 証拠
 - [ ] evident 形 明らかな
 - [ ] evidently 副 明らかに

- [ ] evolution
 [èvəlú:ʃən]

 進化、発展
 - [ ] evolve 動(自) 進化する、発展する
   (他) 〜を発展させる
 - [ ] evolutionary 形 進化(論)の

その他の単語(1) 最重要だけど、歌詞に収録しきれなかった単語

- [ ] experiment
  [ikspérrəmənt]

  実験

  動(自) 実験をする

  - [ ] experimental 形 実験の、実験的な

- [ ] factor
  [fǽktər]

  要因、要素

- [ ] faith
  [féiθ]

  信頼、信仰

  faith in A「Aへの信頼」

  - [ ] faithful 形 忠実な、信心深い

- [ ] fault
  [fɔ́ːlt]

  欠点、責任

  find fault with A「Aのあら探しをする」

  at fault「誤って」「とがめられるべき」「途方に暮れて」

- [ ] fuel
  [fjúːəl]

  燃料

- [ ] function
  [fʌ́ŋkʃən]

  機能、役割、働き

  動(自) 機能する、働く、役目を果たす

  - [ ] functional 形 機能の

- [ ] goods
  [gúdz]

  商品、品物

- [ ] government
  [gʌ́vərnmənt]

  政府、統治

  - [ ] govern 動(他) ～を統治する、～を支配する
  - [ ] governor 名 知事

167

- [ ] habit
  [hǽbit]

  習慣、癖
  - [ ] habitual 形 習慣的な
  - [ ] habitually 副 習慣的に

- [ ] harm
  [hɑ́ːrm]

  害、危害
  動(他) 〜を害する、〜に害を与える
  do harm to A = do A harm「Aに害を及ぼす」
  - [ ] harmful 形 有害な
    ⇔ harmless 形 無害な

- [ ] height
  [háit]

  高さ、身長、高地、最盛期
  - [ ] high 形 高い
  - [ ] heighten 動 〜を高くする

- [ ] immigrant
  [ímǝgrǝnt]

  (他国からの)移民、(入国する) 移民
    ⇔ emigrant (出て行く)移民
  - [ ] immigrate 動(自) (他国から)移住してくる
    ⇔ emigrate 動(自) (他国へ)移住する
  - [ ] immigration 名 移住、出入国管理(事務所)

- [ ] impact
  [ímpækt]

  衝撃、衝突、影響
  have an impact on A「Aに衝撃を与える」

- [ ] incident
  [ínsǝdǝnt]

  出来事、事件
  - [ ] incidental 形 偶然の、付随的な
  - [ ] incidentally 副 ところで、ちなみに、偶然に

- [ ] individual
  [ìndivídʒuǝl]

  個人
  形 個人的な、個々の、個人主義的な
  - [ ] individualism 「個人主義」

その他の単語(1) 最重要だけど、歌詞に収録しきれなかった単語

- [ ] individuality 「個性」
- [ ] individualistic「個人主義の」

☐ industry
[índəstri]

産業、工業、勤勉
- [ ] industrialize 動 ～を工業化する
- [ ] industrialized 形 工業化した
- [ ] industrial 形 産業の、工業の
- [ ] industrialization 名 工業化
- [ ] industrious 形 勤勉な

☐ infant
[ínfənt]

幼児
形 幼児(期)の
- [ ] infancy 名 幼年時代

☐ instance
[ínstəns]

例、場合
for instance「たとえば」= for example

☐ institution
[ìnstətjúːʃən]

機関、施設、制度、慣習
名 研究所
動(他) ～を設立する
- [ ] institutional 形 制度の、制度上の

☐ instruction
[instrʌ́kʃən]

指示、教育、教えること
- [ ] instruct 動(他) ～に教える、～に指示する
- [ ] instructive 形 ためになる、教育的な

☐ instrument
[ínstrumənt]

器具、道具、楽器
- [ ] instrumental 形 楽器の、手段となる

169

□ labor
[léibər]
労働、骨折り
　□ laborious 形 骨が折れる、大変な、困難な

□ lack
[lǽk]
不足、欠乏
動(他) 〜を欠いている　(自) 不足している
for lack of A = for want of A 「Aの不足のために」
　□ lacking 形 不足している
　　be lacking in A 「Aを欠いている」

□ loss
[lɔ́ːs]
損失、失うこと、喪失
be at a loss (for A) 「(Aに)途方に暮れる」
　□ lose 動(他) 〜を失う、(試合など)に負ける、
　　　　　　　　(体重など)を減らす
　　　　　(自) (時計が)遅れる、損をする、負ける
　□ lost 形 道に迷った、なくした、途方に暮れた

□ means
[míːnz]
手段、収入
by means of A 「Aによって」
by all means 「ぜひとも」
by no means 「けっして〜ない」

□ medium
[míːdiəm]
手段、媒体、中間、(複数形mediaの形で)報道機関、マス・メディア
形 中間の

□ notion
[nóuʃən]
概念、考え

□ occasion
[əkéiʒən]
場合、機会、行事
on occasion(s) 「時々」

その他の単語(1) 最重要だけど、歌詞に収録しきれなかった単語

- □ occasional 形 時折の
- □ occasionally 副 時々 = on occasion(s)

□ passage
[pǽsidʒ]

通行、通路、(文章や曲の)一節、経過
- □ passenger 名 乗客

□ period
[píəriəd]

期間、時代

□ phenomenon
[finámənàn]

現象、驚くべきこと (複数形はphenomena)
- □ phenomenal 形 驚異的な

□ pity
[píti]

あわれみ、同情、残念なこと
動(他) 〜をかわいそうに思う

□ population
[pàpjuléiʃən]

人口、住民
- □ populous 形 人口の多い
- □ populate 動(他) 〜に住む

□ purpose
[pə́ːrpəs]

目的、意図
for the purpose of A「Aの目的で」
on purpose「わざと」
- □ purposeful 形 目的のある、故意の

□ quality
[kwáləti]

質、特質
形 質の高い
- □ qualitative 形 質的な、性質上の

□ quantity
[kwántəti]

量
- □ quantitative 形 量的な

☐ quarter [kwɔ́ːrtər]	4分の1(15分、25セント、四半期など) ☐ quarterly　形 年4回の 　名 季刊誌
☐ range [réindʒ]	範囲、領域、幅 動(自) (範囲などが)及ぶ、連なる、分布する 　(他) 〜を列に並べる a wide range of A「広範囲のA」 range from A to B「AからBに及ぶ」
☐ rate [réit]	割合、速度、料金、率 動(他) 〜を(…と)評価する　(自) (〜と) 評価される at any rate 「とにかく」 at the rate of A「Aの割合で」 ☐ rating　名 格付け、評価、視聴率
☐ rear [ríər]	後部 動(他) 〜を育てる
☐ relief [rilíːf]	安心、解放、救済 ☐ relieve　動(他) 〜を取り除く、〜を安心させる
☐ religion [rilídʒən]	宗教、信仰 ☐ religious　形 宗教の、信心深い
☐ resident [rézidənt]	住民、居住者 形 住んでいる ☐ residence　名 住宅、居住 ☐ residential　形 居住用の、住宅地の、住宅の ☐ reside　動(自) 住む、居住する

| その他の単語(1) | 最重要だけど、歌詞に収録しきれなかった単語 |

☐ resource
[rí:sɔː(r)s]

(resourcesの形で)資源、財源、貯蔵、手段
☐ resourceful　形 資源に富んだ

☐ revolution
[rèvəlúːʃən]

革命、回転
☐ revolutionary　形 革命的な、革命の
☐ revolutionize　動 革命を起こす
☐ revolve　動(他) (〜を)回転させる　(自) 回転する

☐ role
[róul]

役割、(役者の)役
play a role in A「Aで役割を果たす」= play a part in A

☐ security
[sikjúərəti]

安全
☐ secure　形 安全な、安心な、確実な
　　　　　　動(他) 〜を確保する、〜を守る

☐ slave
[sléiv]

奴隷
☐ slavery　名 奴隷制度、奴隷の身分

☐ soil
[sɔ́il]

土、土地、土壌

☐ substance
[sʌ́bstəns]

物質、本質
☐ substantial　形 実体のある、しっかりした、本質的な

☐ taste
[téist]

味、好み、趣味
動(自) (〜の) 味がする　(他) 〜を味わう、〜を経験する
☐ tasteful　形 趣味のいい、上品な

☐ technology
[teknɑ́lədʒi]

科学技術
☐ technical　形 技術上の、専門の

173

- [ ] technological 形 科学技術の、工学の
- [ ] technician 名 専門技術者

□ trade
[tréid]

貿易、商売
動(自) 貿易する、取引する
(他) 〜を交換する、〜を売買する
trade A for B「AをBと交換する」

□ transport
[trænspɔ́ːrt]

交通機関、輸送
動(他) 〜を輸送する
- [ ] transportation 名 輸送、輸送機関

□ victim
[víktəm]

犠牲者、被害者、いけにえ
⇔ offender　加害者
fall (a) victim to A「Aの犠牲になる」「Aのとりこになる」

□ vocabulary
[voukǽbjulèri]

語彙

□ wound
[wúːnd]

傷、けが
動(他) 〜を傷つける、〜にけがを負わせる
- [ ] wounded 形 負傷した、けがをした

3. 形容詞

□ accurate
[ǽkjurət]

正確な、精密な
⇔ inaccurate　不正確な
- [ ] accuracy 名 正確さ
- [ ] accurately 副 正確に、精密に

その他の単語(1) 最重要だけど、歌詞に収録しきれなかった単語

□ aged
　① [éidʒid]
　② [éidʒd]

①年老いた、年取った　②〜歳の
□ age 名 年齢、時代
　　　動(自) 年をとる
　at the age of A 「A歳の時に」
　come [become] of age 「成人する」
　for one's age 「年の割には」

□ ashamed
　[əʃéimd]

恥じて
be ashamed of A 「Aを恥ずかしく思う」
be ashamed to V 「Vするのが恥ずかしい」
□ shame 名 恥、(a shameの形で)恥ずかしこと、残念なこと
　　　　動(他) 〜に恥をかかせる
□ shameful 形 恥ずべき

□ available
　[əvéiləbl]

利用できる、入手できる
　⇔ unavailable 利用できない、入手できない
be available to A 「Aに利用できる」
□ avail 動(自) 役に立つ (他) 〜に役立つ
avail oneself of A 「Aを利用する」

□ awake
　[əwéik]

目が覚めて、目を覚まして
　⇔ asleep 眠って
動(他) 〜を目覚めさせる　(自) 目が覚める

□ aware
　[əwéə(r)]

(〜に)気づいている、知っている
　⇔ unaware (〜に)気づいていない
be aware of A 「Aに気づいている」
be aware that 〜 「〜に気づいている」
□ awareness 名 認識、意識、気づいていること、
　　　　　　　　気づくこと

175

□ biological
[bàiəládʒikəl]

生物学の
- □ biology 名 生物学
- □ biologist 名 生物学者

□ brief
[bríːf]

簡潔な、短い
動 (他) (人)に(状況など)を報告[発表]する、〜を要約する
名 簡単な声明、要約
in brief 「要するに」
to be brief 「要するに」
- □ briefly 副 簡潔に

□ bright
[bráit]

明るい、頭がいい

□ broad
[brɔ́ːd]

広い、広範囲に及ぶ
⇔ narrow 狭い（P.135を参照）
- □ broaden 動 (他) 〜を広げる　(自) 広がる
- □ breadth 名 幅

□ capable
[kéipəbl]

〜する能力がある、有能な
⇔ incapable 〜する能力がない、できない
be capable of A / Ving 「A / Vすることができる」
- □ capability 名 能力

□ chemical
[kémikəl]

化学の、化学的な
名 化学薬品、化学物質
- □ chemist 名 化学者
- □ chemistry 名 化学

その他の単語(1) 最重要だけど、歌詞に収録しきれなかった単語

□ complicated
[kámpəlkèitid]
複雑な、入り組んだ
□ complicate 動(他) 〜を複雑にする

□ conscious
[kánʃəs]
意識している、気づいている
⇔ unconscious 無意識の、気づいてない
be conscious of A「Aに気づいている」「Aを意識している」
A-conscious「Aを気にして」(例: fashion-conscious「流行を気にした」)

□ convenient
[kənvíːnjənt]
便利な、都合のよい
⇔ inconvenient 不便な
□ convenience 名 便利さ、便利なもの

□ correct
[kərékt]
正しい、適切な
⇔ incorrect 間違った
動(他) 〜を訂正する
□ correctly 副 正確に、正しく
□ correction 名 訂正

□ curious
[kjúəriəs]
好奇心の強い、好奇心をそそる、奇妙な
□ curiosity 名 好奇心
□ curiously 副 物珍しそうに、奇妙にも

□ eager
[íːgər]
熱心な、切望して
be eager to V「しきりにVしたがる」

□ efficient
[ifíʃənt]
効率のいい、効率的な、有能な
⇔ inefficient 非効率的な
□ efficiency 名 能率、効率

☐ elderly
[éldərli]

年配の
名 (the elderlyの形で) 高齢者

☐ empty
[émpti]

空の、人のいない
動 (他) 〜を空にする　(自) 空になる

☐ entire
[intáiər]

全体の、完全な、すべての
☐ entirely　副 完全に、まったく

☐ equal
[í:kwəl]

等しい、匹敵する
　⇔ unequal　不平等な
動 (他) 〜に等しい、〜に匹敵する
be equal to A 「Aに等しい」「Aに耐えられる」
☐ equality　名 平等

☐ essential
[isénʃəl]

不可欠の、本質的な
☐ essence　名 本質

☐ evil
[í:vəl]

悪い、邪悪な、有害な
名 悪、罪悪

☐ exact
[igzǽkt]

正確な
☐ exactly　副 正確に、(強い肯定として)まさしくそのとおり

☐ former
[fɔ́:rmə(r)]

前の、以前の、前者の
名 (the formerの形で) 前者
　⇔ the latter 後者
☐ formerly　副 以前は、昔は

その他の単語(1) 最重要だけど、歌詞に収録しきれなかった単語

□ frequent
[frí:kwənt]

頻繁に、たびたび
□ frequently 形 頻繁に
□ frequency 名 頻度

□ general
[dʒénərəl]

一般的な、全体的な
名 (軍隊の) 将軍
in general「一般に」
as a general rule = in a general way「一般に」「概して」
□ generalize 動 ～を一般化する
□ generally 副 一般に
□ generalization 名 一般化

□ genuine
[dʒénjuin]

本物の、心からの、純粋な

□ involved
[inválvd]

関係している、複雑な
be involved in A「Aに関係している」
□ involve 動 (他) ～を巻き込む、～を伴う、～を含む
□ involvement 名 関与、関わり

□ latter
[lǽtər]

後の、後者の、後半の
名 (the latterの形で) 後者
⇔ the former 前者

□ legal
[lí:gəl]

合法の、法律の、法的な
⇔ illegal 違法の
□ legislation 名 法律、立法

□ medical
[médikəl]

医学の、医療の
□ medicine 名 薬、医学

- [ ] mere
  [míər]

  単なる、ほんの
  - [ ] merely 副 単に

- [ ] military
  [mílətèri]

  軍の、軍人の、軍事的な
  名 (the militaryの形で) 軍隊
  - [ ] militarism 名 軍国主義

- [ ] moral
  [mɔ́:rəl]

  道徳的な、道徳の
  名 (moralsの形で) 道徳、品行
  - [ ] morality 名 道徳性
  - [ ] moralistic 形 教訓的な、道徳主義の

- [ ] native
  [néitiv]

  母国の、原住民の、その国に生まれた
  名 その土地で生まれた人、原住民
  a native language [tongue]「母語」

- [ ] negative
  [négətiv]

  否定的な、消極的な
  ⇔ positive 積極的な
  名 否定、(写真の)ネガ
  - [ ] negation 名 否定

- [ ] nuclear
  [njú:kliər]

  核の、原子力の
  名 核兵器
  a nuclear weapon「核兵器」
  a nuclear family「核家族」

- [ ] previous
  [prí:viəs]

  前の、以前の
  ⇔ following 次の、下記の
  - [ ] previously 副 以前に、前もって

その他の単語(1) 最重要だけど、歌詞に収録しきれなかった単語

□ rapid
[rǽpid]

急速な、速い
名 快速電車、(rapidsの形で)急流
□ rapidly 副 急速に、速く

□ ready
[rédi]

準備ができて、進んで～する
be ready to V「進んでVする」
get ready for A「Aの用意をする」
□ readily 副 快く、進んで、容易に
ready-made 形 できあいの、既製の

□ rude
[rúːd]

無礼な、失礼な
⇔ polite 丁寧な、礼儀正しい、上品な (P.116を参照)
□ rudeness 名 無礼

□ slight
[sláit]

わずかな、ほっそりした
not … in the slightest「少しも…ない」
□ slightly 副 わずかに

□ solid
[sálid]

固体の、頑丈な
⇔ liquid 形 液体の 名 液体
名 固体

□ strict
[stríkt]

厳格な、厳しい、厳密な
□ strictly 副 厳しく、厳密に
strictly speaking「厳密に言えば」

□ sufficient
[səfíʃənt]

十分な
⇔ insufficient 不十分な
□ suffice 動 (自)十分である (他)～に十分である
Suffice it to say that ～「～と言えば十分である」

□ superior [su(sju:)píəriər]
より優れて、優れた
⇔ inferior より劣った
名 上司、目上の人
be superior to A「Aより優れている」
□ superiority 名 優越、優勢

□ tough [tʌf]
丈夫な、骨の折れる、難しい、困難な

□ typical [típikəl]
典型的な
be typical of A「Aに典型的である」

□ upset [ʌpsét]
動揺した、取り乱している、転覆した
動(他) ～の心を乱す、～の調子を狂わせる、
　　　～をひっくり返す
名 混乱、転覆、心の乱れ

□ voluntary [váləntèri]
自発的な、志願の
⇔ compulsory 強制的な
□ volunteer 名 ボランティア、志願者
　　　　　　動(他) ～を進んで申し出る
　　　　　　(自)[for] ～を進んで引き受ける

□ widespread [wàidspréd]
広範囲に及ぶ

その他の単語(2)

一見簡単だけど、いろんな意味を持つ単語

　小難しそうに見える単語は意味が1つか2つしかないので覚えているか、覚えていないか、ただそれだけのことであるのに対し、一見、簡単に見える単語は意味がたくさんあるので、そこを攻略できるかどうかが英単語の、ひいては、英語そのものの完全制覇に関わる重要なポイントになります。とは言え、例えばinなら僕の手元にある英和辞典に掲載されている52個の意味を全部覚えても仕方ない。そのなかのどれが重要で、どれが重要じゃないかを見極める力が必要ですが、目先の2〜3ヶ月の効率化ではなく、半年、1年、5年、10年と、長期に渡り有効な効率化を考えると、ここはぜひとも辞書を片手に自分自身の手でクリアしてもらいたい。ということを本書冒頭部で述べました。「ケチケチすんな、教えろよ！」と思うかもしれませんが、過保護すぎる教育はかえって学習者のためにならないのです。

　とは言え、本書を手にする読者のなかには入試直前で本当に切羽詰まってる方もいらっしゃるでしょう。著者としては当然、この本の読者の皆様には第一志望に合格してもらいたい。そこで、「短期集中決戦法」しか取れない時期に入った読者の皆様の手助けになるよう、「盲点になりそうな」単語とその意味をピックアップしておきます。

　なお、ここに掲載した意味はすべて重要ですので青字にはしていません。全部覚えましょう。

□ address
米 [ədrés]
英 [ǽdres]

動(他) ①～に話し掛ける　②～を申し入れる
　　　③～に注ぐ、向ける　④～に宛て先を書く
　　　⑤～に取り組む
名 ①あいさつ、演説　②手際のよさ　③住所、あて先

□ agree
[əgríː]

動(自) ①同意する、意見が一致する、賛成する
　　　②体質に合う
agree to A「A(提案・計画など)に同意する」
agree with A「A(人・人の考え)と意見が一致する」
agree on A「Aに意見がまとまる」

□ arm
[áːrm]

名 ①腕　②(armsの形で)武器
動(他) ～を武装させる
動(自) 武装する

□ art
[áːrt]

名 ① 芸術、美術　② 技術、こつ
　　③(artsの形、単数扱いで) 人文科学

□ article
[áːrtikl]

名 ① 記事、論文　② 品物　③ (契約などの)条項　④ 冠詞

□ assume
[əsúːm]

動(他) ① ～を想定する　② ～を引き受ける
　　　③～の態度をとる　④ ～を装う

□ attend
[əténd]

動(他) ① ～に出席する　② ～を世話する
動(自) ① 注意を払う　② 世話する
be present at A「Aに出席する」
attend to A「Aに注意を払う」「Aを世話する」

その他の単語(2) 　一見簡単だけど、いろんな意味を持つ単語

□ bear
[béər]
動(他) ① ～を生む　② ～に耐える　③ ～を持つ
bear A in mind「Aを心に留める」
bear in mind that ～「～を覚えておく」

□ bill
[bíl]
名① 請求書　② 紙幣　③ 法案
動(他) (支払を) (人)に請求する

□ board
[bɔ́ːrd]
動(他) ① (飛行機など)に搭乗する
名① 板　② 会議　③ 委員会

□ book
[búk]
動(他)～を予約する
名 本

□ bound
[báund]
形① 縛られた　② きっと　③ ～行きで
動(自) (ボールなどが)弾む
名 跳ね上がること
be bound to V「きっとVする」
be bound for A「(電車などが)A行きである」
be bound by A「Aに縛られる」

□ break
[bréik]
名① 休憩　② 骨折　③(breaksの形で)ブレーキ
動(他) ～を壊す
動(自) 壊れる

□ capital
[kǽpətl]
名① 首都　② 資本　③ 大文字
形① (犯罪などが)死刑に相当する　② 大文字の

□ case
[kéis]
名① 場合　② 事実　③ 事件　④ 主張　⑤ 事例
　　⑥ 訴訟　⑦ 容器
as is often the case with A「Aにはよくあることだが」
in case ～「～するのに備えて」

☐ certain [sə́:rtn]	形① 確かな ② ある(特定の) ③ 確信して
☐ challenge [tʃǽlindʒ]	名① やりがい(のある仕事) ② 課題 ③ 挑戦 動(他) ① ～に挑戦する ② ～に異議を唱える
☐ chance [tʃǽns]	名① 機会 ② 可能性 ③ 偶然 動(自)たまたま～する 　(他) ～を運まかせにやってみる by chance「たまたま」 (The) chances are that ～「たぶん～だろう」
☐ charge [tʃá:rdʒ]	動(他) ① (～に)(料金など)を請求する ② ～を非難する 　　　 ③ ～を告発する ④ (仕事など)を託す 　(自)(～に向かって)突進する 名① 料金 ② 世話 ③ 非難、告発 ④ 攻撃 ⑤ 責任 in charge of A「(Aに)責任を持って」「Aを担当して」 take charge of A「Aを担当する」
☐ class 米 [klǽs] 英 [klá:s]	名① 階級 ② クラス ③ 授業
☐ coin [kɔ́in]	動(他) ① (新語など)を作り出す ② (硬貨)を鋳造する 名 硬貨
☐ command 米 [kəmǽnd] 英 [kəmá:nd]	動(他) ① ～に命令する ② ～を指揮する ③ ～を支配する 　　　 ④ (景色など)を見渡す ⑤ (同情、尊敬、支持など)を 　　　　集める 名① 命令 ② 支配 ③ (言葉を)自由にあやつる能力

その他の単語(2)　一見簡単だけど、いろんな意味を持つ単語

□ concern
　[kənsə́:rn]

名① 関心事　② 心配　③ 気遣い
動(他) ① ～に関係がある　② ～を心配させる
be concerned with A「Aに関係している」「Aに関心がある」
be concerned about A「Aを心配している」
as far as A is concerned「Aに関する限り」
concerning A「Aに関して」(このconcerningは前置詞)

□ count
　[káunt]

動(自) 重要である
　　(他) ～を数える
count on A「Aを当てにする」「Aに頼る」

□ court
　[kɔ́:rt]

名① 裁判所　② 宮廷　③ (テニスなどの)コート

□ cover
　[kʌ́vər]

動(他) ① ～を覆う　② ～をかばう
　　　③ (範囲・問題など)を含む　④ (ある距離)を行く
　　　⑤ ～を扱う　⑥ ～を報道する
名① 覆うもの　② 表紙

□ credit
　[krédit]

名①信用　②クレジット　③功績　④(大学などの)単位
動(他) ～を信じる

□ deal
　[dí:l]

動(自) 扱う
　　(他) ～を分配する
名① 取引　② 契約　③ 扱い　④ 大量
副 大いに、ずいぶん、ずっと
deal in A「Aを取引する」
deal with A「Aを扱う」

187

□ degree
[digríː]

名 ① 程度　② 学位　③ (温度、角度などの)度
by degrees「徐々に」

□ diet
[dáiət]

名 ① 食事　② (減量のための)食事制限
　　③ (the Dietの形で) 国会
on a diet「減量中の」

□ discipline
[dísəplin]

名 ① 規律、しつけ、訓練　② 学問分野
動 (他) ① ～を訓練する、しつける　② ～を懲戒する

□ do
[du,də (強めると) dúː]

動 (他) ① ～をする　② (～に)～をもたらす
　(自) 役に立つ
助 ぜひ(…する)、本当に(…する)

□ exercise
[éksərsàiz]

名 ① 運動　② 行使　③ (exercises) 式、儀式
動 (他) ① ～を働かせる　② (影響など)を及ぼす
　(自) ① 運動する　② 行使する

□ fast
米 [fǽst]
英 [fάːst]

形 ① 速い　② (時計が)進んでいる
副 ① 速く　② ぐっすりと

□ figure
[fígjər]

名 ① スタイル　② 人物　③ 数学　④ 図形
動 (他) ① ～を計算する　② (～である)と思う
　　　③ ～を理解する
figure A out「Aを理解する」

□ fine
[fáin]

動 (他) ～に罰金を科する
名 罰金
形 ① 見事な　② 快晴の　③ 元気な　④ 細かい

その他の単語(2) 一見簡単だけど、いろんな意味を持つ単語

□ fire
　[fáiər]
　動(他) ① (労働者)を首にする　② (銃など)を発射する
　名 ① 火、火事　② 射撃

□ firm
　[fə́:rm]
　形 ① 堅い　② しっかりした
　名 会社

□ fit
　[fít]
　形 ① ふさわしい　② 適した　③ 体の調子がよい
　動(他) ～に合う
　名 発作
　be fit to V「Vするのに適する」

□ fix
　[fíks]
　動(他) ① ～を固定する　② ～を修理する
　　　　③ (食事など)を用意する　④ ～を決める

□ flat
　[flǽt]
　形 ① 平らな　② 単調な　③ 均一の
　名 アパート

□ game
　[géim]
　名 ① 試合　② 獲物

□ gift
　[gíft]
　名 ① (天賦の)才能　② 贈り物

□ ground
　[gráund]
　名 ① 土地　② 根拠、理由
　on (the) ground(s) of A「Aという理由で」
　on (the) ground(s) that ～「～という理由で」

□ head
　[héd]
　動(自) 向かう
　　(他) ～の先頭に立つ
　名 ① 頭　② 指導者
　head for A「Aに向かって進む」

- [ ] humanity
  [hjuːmǽnəti]

  名① 人間性 ② 人類
  ③ (the humanitiesの形で) 人文科学

- [ ] interest
  [íntərist]

  名① 関心 ② 利害(関係) ③ 利子
  動(他) ～に興味を持たせる、～に参加させる
  be interested in A 「Aに興味がある」

- [ ] issue
  [íʃuː]

  動(他) ～を発行する
  名①問題、論争点 ② 発行、出版物、(雑誌などの)…号

- [ ] item
  [áitəm]

  名① 品物 ② (ニュースなどの)ネタ、記事 ③ 項目

- [ ] last
  米 [lǽst]
  英 [lάːst]

  動(自) ① 続く ② 持ちこたえる
  形① 最後の ② この前の ③ 最も(～)しそうにない
  ④ 最近の
  名 最後の人[事]

- [ ] letter
  [létər]

  名① 手紙 ② 文字 ③ (letters)で文学
  a man of letters「文学者」

- [ ] line
  [láin]

  名① (つながっている状態の)電話 ② 列 ③ 短い手紙
  ④ 職業 ⑤ 方針 ⑥ 線 ⑦ 行

- [ ] long
  [lɔ́ːŋ]

  動(自) [for] 熱望する
  形 長い
  副 長く
  名 長期間

その他の単語(2) 一見簡単だけど、いろんな意味を持つ単語

☐ lot
[lát]
名① たくさんのこと　② くじ　③ 運命

☐ manage
[mǽnidʒ]
動(他) ① ～を経営する　② ～を何とかやりとげる
manage to V「何とかしてVする」

☐ matter
[mǽtər]
動(自) 重要である
名① 問題　② 物質　③ 困難　④ 重大さ

☐ mean
[míːn]
動(他) ① ～を意味する　② ～のつもりで言う
　　　③ ～にとって重要性を持つ
　(自) 意味する
形① けちな　② 卑劣な、意地悪な

☐ measure
[méʒər]
動(他) ～を測る
名① 寸法　② 測定　③ (measuresの形で)手段、対策
　　④ 程度

☐ meet
[míːt]
動(他) ① ～と会う　② ～を満たす　③ ～にかなう
　　　④ ～に対処する
　(自) ① 集合する　② 合流する

☐ minute
形 [mainjúːt]
名 [mínit]
形 非常に小さい
名 分

☐ move
[múːv]
動(他) ① ～を動かす　② ～を感動させる
　(自) ① 引っ越す　② 動く
名① 動き　② 移動、引っ越し

191

☐ nature [néitʃər]	名① 自然　② 性質、本性
☐ observe [əbzə́:rv]	動(他) ① ～を観察する　② ～と言う 　　　　③(法律・規則など)を守る (自) ① 観察する　② 気付く　③ 述べる
☐ order [ɔ́:rdər]	動(他) ① ～を命じる　② ～を注文する 名① 命令　② 順序　③ 秩序　④ 注文(品) 　⑤ 正常、順調 out of order「壊れて」 in order「正常で」
☐ paper [péipər]	名① 紙　② 新聞　③ 論文、レポート
☐ party [pá:rti]	名① パーティー　② 党　③ 一行　④ 相手方
☐ pay [péi]	動(自) ① ～を支払う　② 割に合う　③ 見返りがある 　(他) ① ～に報いる　② ～を払う 名 給料
☐ practice [prǽktis]	名① 練習　② 実践　③ 慣例 　④ (医師や弁護士などの)業務 動(他) ① ～を練習する　② ～を実行する　③ ～を営む put A into practice「Aを実行する」
☐ present [préznt]	形① 現在の　② 出席して 動(他) ①～を与える　② ～を提示する　③ ～を紹介する

その他の単語(2) 一見簡単だけど、いろんな意味を持つ単語

名 現在
be present at A「Aに出席する」
at present「現在は」

□ press
[prés]
動(他) ① 〜を押す ② 〜に強く求める
③ 〜にアイロンをかける
名 ① 出版 ② 押すこと ③ アイロンがけをすること
④ (the pressの形で)報道陣、報道機関

□ race
[réis]
名 ① 競争 ② 人種
動(自) 競争する

□ respect
[rispékt]
動(他) 〜を尊敬する
名 ① 尊敬 ② 点、細目 ③ 関連
with respect to A「Aに関して」

□ rest
[rést]
動(自) ① 休憩する ② 頼る ③ 横になる
(他) ① 〜を休息させる ② 〜を置く
名 ①(the restの形で)残り(のもの) ② 休息、休憩 ③ 台

□ right
[ráit]
形 ① 正しい ② 右の
副 ① すぐに ② 正しく ③ ちょうど、まさに
④ まっすぐに
名 ① 右 ② 権利 ③ 正しいこと、善

□ room
[rú:m]
名 ① 部屋 ② 余地(不加算扱い)
③ (the roomの形で、集合的に)部屋にいる人々

□ run
[rÁn]
動(自) ① 走る ② 流れる ③ 動く、作動する
(他) 〜を経営する

- save
  [séiv]

  動(他) ① ～を救う ② ～をたくわえる ③ ～を省く
  ④ ～を節約する
  前 ～を除いて

- sentence
  [séntəns]

  動(他) ～に判決を宣告する
  名 ① 文 ② 判決

- serve
  [sə́ːrv]

  動(他) ① (食事など)を出す ② (目的など)にかなう
  ③ ～に仕える ④ ～に役立つ
  (自) ① 勤める ② (～として)役立つ

- settle
  [sétl]

  動(自) ① 定住する ② 落ち着く
  (他) ① ～を解決する ② ～を沈める
  settle in A「Aに定住する」
  settle down to V「本格的にVし始める」

- sound
  [sáund]

  動(自) (～に)聞こえる
  (他) ～を鳴らす
  名 音
  形 ① 健全な ② (睡眠が)充分な
  ③ (理論などが)しっかりした
  副 ① (眠りが)深く、ぐっすりと

- spell
  [spél]

  動(他) ～を綴る
  名 ① (活動や天候の)期間 ② 魔法

- spring
  [spríŋ]

  動(自) ① 生ずる ② 跳び上がる
  名 ① 春 ② 泉 ③ バネ

その他の単語(2) 一見簡単だけど、いろんな意味を持つ単語

□ stand
[stǽnd]
動(他) ① 〜を我慢する ② 〜を立てる
(自) ① 立つ ② 耐える ③ (〜の)状態にある

□ still
[stíl]
形 ① 静かな ② じっとしている
副 ① それでもなお ② まだ ③ さらに

□ strike
[stráik]
動(他) ① 〜を打つ ② 〜に印象を与える
③ (考えなどが)〜に浮かぶ ④ 〜を襲う
(自) ① 叩く ② ストライキをする
名 ストライキ

□ subject
[sʌ́bdʒikt]
名 ① 主題 ② 教科 ③ 主語 ④ 被験者
形 ① (〜の)支配下にある ② (〜に) かかりやすい、(〜を)受けやすい
be subject to A「Aを受けやすい」「Aの支配下にある」

□ succeed
[səksíːd]
動(自) ① 成功する ② 受け継ぐ、継承する
(他) ① 〜の後を継ぐ ② 〜に次いで起こる
succeed in A「Aに成功する」
succeed to A「Aを継承する」

□ term
[tə́ːrm]
名 ① 学期、期間 ② 言葉 ③ (termsの形で)間柄
④ (termsの形で)条件
in terms of A「Aの観点で」
be on … terms with A「Aと…の関係にある」
come to terms「合意に達する」
come to terms with A「Aを受け入れる」

□ tongue
[tʌ́ŋ]
名 ① 舌 ② 言葉

- touch
  [tʌ́tʃ]

  動(他) ① ～に触れる ② ～を感動させる
  名① 少量 ② 手法 ③ 触れること
  keep in touch with A「Aと交際[連絡]を続ける」
  a touch of A「少しのA」

- turn
  [tə́ːrn]

  動(自) ① 回る ② 曲がる ③ (～に)なる ④ 振り返る
  　　　⑤ 変質する
  　(他) ①～を(…に)変える ②～を回す ③～をめくる
  名① 順番 ② 変化、変わり目 ③ 回転 ④ 折り返し
  　　⑤ 曲がり角
  turn down A「Aを断る」
  turn in A「Aを提出する」
  turn out (to be) A「Aだと分かる」
  by turns「交互に」
  in turn「今度は」

- very
  [véri]

  形 まさにその[この]
  副 とても、非常に

- vice
  [váis]

  名 悪徳
  接頭 (官職名の前につけて)副～、～代理
  vice versa「逆もまた同様」

- view
  [vjúː]

  動(他) ① ～を見る ② ～を考察する
  名① 眺め ② 風景 ③ 視野 ④ 見解 ⑤ 見通し
  　　⑥ 視力
  with a view to Ving「Vする目的で」

その他の単語(2) 一見簡単だけど、いろんな意味を持つ単語

- □ wear
  [wéə(r)]

  動(他) ① ～を身につけている
  　　　② ～をすり減らす、～を使い果たす
  　(自) すり減る
  名 衣類
  wear out A「Aを使い果たす」
  be worn out「すり減っている」「疲れ果てている」

- □ will
  [wəl,(強めると)wíl]

  助 ① ～だろう、～しよう　② どうしても～する
  　③ ～するものだ
  名 ① 意志　② 遺書

- □ word
  [wə́:rd]

  名 ① 短い会話　② 約束　③ 単語

- □ work
  [wə́:rk]

  名 ① 仕事　② 勉強、研究　③ (通常はworksの形で)作品
  動(自) ① 働く、作業する
  　　　② うまく機能する、うまくいく

- □ yield
  [jí:ld]

  動(他) ～を産出する
  　(自) ① 屈する、譲る　② 作物を産出する
  名 ① 収穫、産出高　② 収益
  yield to A「Aに屈する」

あとがき

　高校時代、僕は不良でした。「泉忠司」＝「バカの代名詞」だったあの頃を考えると、よもや「超人気カリスマ大学講師」とか「本物の『ドラゴン桜』先生」とか「スーパータレント」などと呼んでいただく日が来るとは、自分でもビックリです。『歌って覚える英文法完全制覇』を読んでくださった皆様のあいだで、「全教科偏差値30から、たった半年で全国1位を実現」というのが伝説になりつつあるようですが、あれは伝説でも何でもありません。「自分の頭でよく考える」という習慣さえつければ、誰にでも実現しうることなのです。

　僕自身の英語学習術や発想法を公開することで、ひとりでも喜んでくださる方がいるならと思い、『歌って覚える英文法完全制覇』を出したのがつい3ヶ月前。当初の予想を超えるほどの凄まじい反響をちょうだいし、第2弾緊急発売の運びとなりました。人間の限界をはるかに超えるような超過密スケジュールのなか、こうして、無事に発売できることを嬉しく思います。この間、製作チームを支えてくださったのは、第1作にお寄せくださった読者の皆様からの声でした。

「『歌って覚える〜』買いました！　毎日歌っています☆　この本は…どの参考書ともぜんぜん違っていて、読むたびに衝撃を受けます(笑)。分かりやすいのももちろんなんですが、すごく救われました。英語を堅苦しく考えすぎて、ダイスキな英語を嫌いになりかけていました…この本に出会えて良かったです！　すてきな参考書をありがとうございました(>_<)」(高校3年生、Kさん)

「この本に感謝しています☆　読み始めてからまだ間もないんですが、そのすぐあとの模試では一番苦手だった文法問題で前よりも得点があがりました☆　前までほんとしゃれにならないくらいやばかったんで本当に感謝です☆」(高校3年生、Eさん)

「本当英語が苦手で苦手でどうしようもない状態で…。そんなとき、泉先

あとがき

生の本に出会いました！ 歌なら得意だし、これで覚えられたら儲けもんだ！ という気持ちで購入して5日間…。もっと早くこの本に出会いたかったです！ 曲もすごく素敵で…。こんな本を書いてくださってありがとうございました！」(高校3年生、Tさん)

「偏差値30が全国1位に」という帯が目に入り、何気なく手にしたこの参考書はまさに私が求めていたものでした！『歌って覚える英文法完全制覇』を友人に紹介したところ、彼はたった2週間で、模試で同志社大学E判定から、慶応大学B判定まで一気にあげました！」(予備校生、Kさん)

「高2の娘のためにこの本を購入しました。私の人生の中で買ってよかった本ベスト1に勝手ながら選ばせて頂きました」(高校生を娘に持つ母、Iさん)

「どうしてこの本を去年出してくれなかったんですか！受験生のときにこれが欲しかったです！ 会話だけじゃなく、この本で一から文法やりなおします☆」(大学1年生、Yさん)

　このような皆様の声が、「1日でも早く『歌って覚える英単語完全制覇』をお届けしなきゃ！ 今年の受験生に間に合わせたい！」という気持ちのもとに、製作チームを奮い立たせてくれました。読者の皆様のご声援がなければ、この本の誕生はもっと遅くなっていたに違いありません。心より感謝申し上げます。

　それから、この場を借りて、前作にお寄せくださったもっとも多い質問にコメントさせていただきます。それは「なぜCDの英語部分をネイティブに歌わせないのか？」というものです。今回もやはりネイティブを起用していないので、「なぜ？」と思われる方がいらっしゃるでしょう。
　理由は「教育的配慮」のひと言に尽きるのですが、本シリーズの目的達成のため、僕は製作チーム一同に以下のディレクションを行っています。①日本語部分のリズムを最優先にし、J-POPのメロディで作曲。② 歌うのは絶対にネイティブではなく日本人。③ ひとつひとつの音がはっきり聞こ

えるように、語弊が生じる危険を承知で言うなら、「流暢じゃなく」発音して歌う。

と聞くとますます「？？？」と思われる方も多いでしょうが、大学の教え子たちから集めたデータをもとに、圧倒的にベストだと思える方法を選択しています。「教育的配慮」を損なわないようにしつつ、音楽としても十分に楽しめるという観点からすると、最高のバランスでこのうえないクオリティを実現したCDに仕上がっていると自信を持って断言します。紙数の都合上、このあたりの事情を詳しく知りたい方は「泉忠司公式ページ」(http://www.izumi-tadashi.net)をご覧ください。

そのような僕のわがままなディレクションの意図を汲み取って、今回も協力してくれた大切な仲間たちをここで紹介しておきます。まずはThe Rootersのメンバーから。

『あっ！とみゅーじっく』という音楽番組や、僕も出演している『Q and英会話』という英会話番組のナヴィゲーターを務める一方で、ローリングストーンズやマッシヴ・アタック、最近ではプッシー・キャット・ドールズといった超一流ミュージシャンや国賓級の方々の通訳を務めもする金澤カオル。「流暢じゃなく発音して欲しい」というディレクションに、通訳家としての金澤カオルの立場からすると、メンバーの誰よりも抵抗を感じてもおかしくないのに、いつも本当にありがとう！

2001年にはビクター・エンターテインメントよりメジャーデビューも成し遂げた我らが歌姫、山本佳奈。現在は、江藤雅樹のもとで応用的な作曲・アレンジ法を学習中で、近い将来、シンガーソングライター山本佳奈に出会えることになりそうです。今回はアルバム1曲目という大役を見事に果たしてくれました。ありがとう！

前作同様、作曲を担当してくれた児島啓介。SMAPへの楽曲提供、国府弘子アルバムに参加するなど、作曲家としてもアーティストとしても、今後の活躍が楽しみな彼は間違いなく次代を担うヒットメーカーになるでしょう。児島啓介の今後の活動からは目が離せませんよ。ありがとう！

前作ではゲストとして参加し、この『ココから世界に通じてるpart 2』から正式にThe Rootersに加入してくれた新メンバーの金澤メグミ。金澤カ

オルの実の妹で、その歌唱力の高さは音楽業界からの注目も集めるほど。ありがとう！　Welcome to The Rooters！

　今回はスケジュールの都合で不参加ですが、影でいろいろとサポートしてくれた斉藤ゆり。『進ぬ！電波少年』で地球防衛軍のピンク・五択の斉藤としてデビュー後、サンプラザ中野や久保田利伸プロデュースでオリコン上位に顔を出したこともある彼女。『下妻物語』『エースを狙え』『ニュースプラス１』などで女優やタレントとして活躍する一方、中央大学や大妻女子大学などで大学講師としての活動も展開中の斉藤ゆりには今後も大注目です。次作ではまたキュートな歌声を披露してくれる予定ですのでご期待ください！

　今回不参加の斉藤ゆりの穴を埋めるべく、急遽ゲスト参加してくれたアサコ。ゴスペル・R&B系のシンガーとして関西を中心に活躍中のアサコは圧倒的な歌唱力の持ち主。あの綾戸智絵に師事したのですから、それもうなずけます。『ココから世界に通じてるpart２』に素晴らしいアクセントを加えてくれました。ありがとう！

　そして、大学教員として働く一方、舞台・ミュージカルなどの製作・出演をしている泉忠司もThe Rootersのメンバーとして歌っております。

　以上が、The Rootersのメンバー、ならびにゲスト参加のシンガーです。次に製作チームを紹介します。

　作曲は児島啓介と江藤雅樹。江藤雅樹は「児島啓介」「かわらだユタカ」の活動をサポートする一方で、ゲーム・映像・舞台音楽を多数手がけるアーティスト。アレンジャー、サウンド・プロデューサーとしても活躍中の彼は、児島啓介とともに、次代の日本のミュージックシーンに不可欠な存在になるでしょう。また、江藤雅樹にはサウンド・プロデューサーとして、音楽のトータル・プロデュースをお願いしてもいます。ありがとう！

　アレンジは江藤雅樹と陣内一真によるMusiqueに前作に引き続き担当してもらいました。音楽に様々な表情を加えてくれる彼らのアレンジは絶品！この２人の支え抜きにThe Rootersの音楽はありえません。ありがとう！

　英語のネイティブ・チェックはKANE。僕と金澤カオルとともに『Q and 英会話』にレギュラー出演中のKANEはサウンド・プロデューサーやシンガーとしても活躍中。フジテレビ『力のかぎりゴーゴーゴー』で

「HAMONEPU」の挿入曲を担当、SHOGUNのシンガーとして日本武道館で歌ったこともある彼は『歌って覚える』シリーズのネイティブ・チェックにはこれ以上ない人材です。「この構文を使わなきゃならない」「この単語をどうしても使いたい」など、凄まじい制約のなかで作った歌詞［例文］を、企画意図を理解したうえでチェックしてくれています。ありがとう！

また、レコーディングに協力してくださった、数多くのアーティストの皆様、本当にありがとうございました！

他にも、本書執筆やCD製作にあたりお世話になった方は多い。歌唱指導に協力してくださった、ゴスペルシンガーの渡芽々氏。日本人教員の視点から英語のチェックに協力してくださった大学の同僚の門藤恵子氏。ユニークな4コママンガを描いてくださったイラストレーターの小林フミ氏。授業のリアクション・ペーパーやEメールなどをとおして、本書執筆に役立つ貴重な情報を提供してくださった、横浜市立大学、青山学院大学、日本大学、国士舘大学、日本工業大学の学生諸君。本書製作をともに進めてくださった編集の手島智子氏。我慢強く原稿の完成を待ってくれつつ、同時進行で、出来上がった部分から順に見事な編集作業を行ってくれる手島さんがいなければ、本書の発売は遅れていたでしょう。青春出版社の担当営業の栗生圭子氏の存在も非常に大きい。前作『歌って覚える 英文法完全制覇』のもっとも熱烈なファンとして、栗生さんが奔走してくださったからこそ、第2弾の緊急発売がありえたのです。手島さん、栗生さんをはじめ、青春出版社の皆様には心から感謝申し上げます。

そして何より、本書を世に送り出してくださった青春出版社の小澤源太郎社長には深甚より感謝申し上げます。

2005年11月

泉忠司

> CDアルバムのユニット名のThe Rooters は児島啓介の考案です。Rooterは「ブタくん」くらいの意味ですが、アメリカの口語英語で「応援者」の意味があります。つまり、The Rootersで「応援団」。The Rootersはココから世界にはばたく皆様を応援しています！

ココから世界に通じてる

part 2

The Rooters

01.　Winter's Love Opportunity

作詞：泉忠司
作曲：児島啓介
編曲：Musique (Masaki Eto & Kazuma Jinnouchi)
歌：山本佳奈

冬の訪れ感じさせるラジオからのメロディー
Tunes on the radio make me realize winter has come.
「おとめ座のあなたに今月恋のチャンスが」
"Love's opportunity will be in store for Virgo this month."

天気予報によると、今週末はいい天気
The weather forecast says it's supposed to be good this weekend.
日常のルーティーン抜け出し、
雲のカーテン滑り抜ける
Slipping out of my daily routine, I slide through curtains of clouds.

空の青と雪の白のコントラスト
The contrast between sky blue and white snow
理想の人との出会いを確信させる
convinces me of a meeting with my ideal man.

運命感じさせる刺すような視線
A piercing glance made me feel the fate.
本能は彼こそ未来の夫とみなす
My instincts regard him as my future husband.
素敵な彼女がいる可能性が大
He is likely to have an excellent girl friend.
気にしない。前進あるのみ、強行突破！
I don't mind. I'll make an advance and force my way!

銀河に続くなだらかなスロープ、愛にあふれてる
A gentle slope to the galaxy is filled with romance.
雪はいろんな伝説映すスクリーンだと思う
I consider snow as a screen on which to show various legends.

ドラマのような恋求む勇気くれる満天の星
Stars in the whole sky encourage me to pursue a dramatic love.
リスクを冒すのも心傷つくのも怖くない
I'm not afraid of taking a risk or getting a heart ache.

エッジを使い、ターゲットに狙いを定める
Using the edges of my skies, I aim at my target.
彼だってわたしと仲良くしたいはず
He must require an intimate relationship with me.

情熱あればあの人とのアポ取れる
Passion enables me to acquire an appointment with him.
実は精神的に控えめなわたし
I recognize that I actually have a modest mental character.
でも時に、信じられないほど大胆不敵
However, sometimes I can be unbelievably brave and bold.
つかんでみせるわ、冬がくれたこのチャンス
I'll seize the opportunity winter has offered me.

02. all the best

作詞：泉忠司
作曲：児島啓介
編曲：Musique (Masaki Eto & Kazuma Jinnouchi)
歌：児島啓介

最近若き日々のことを思い出してる
Recently I've been recalling my youthful days.

女の子を友だちと争った遠い夏
I competed with my friend for a girl that summer, a long time ago.

熟れた姿は僕の体温高くした
Her mature shape raised my temperature.

繊細で敏感そしてポジティブな彼女
She was a delicate, sensitive, and positive girl.

その子ゲットするために、親友裏切り傷つけた
To get her, I betrayed and injured my best friend's feelings.

僕の気持ち分かってくれて当然と思ってた
I took it for granted that he would understand my feelings.

でも友は僕が義理を無視したと強く主張
But he insisted that I had neglected my duty as a friend.

その怒りに困惑したが、彼の幸運いま祈る
I was confused by his anger but now I wish him all the best.

政治家になるの夢見てた、特に外相
I dreamed of becoming a politician, particularly the Foreign Minister.

正直な意見を聴衆に話す
I stated my honest opinion to a large audience.

特定の話題に焦点合わせ、警告
I focused on a specific topic, warning the crowd of its dangers.

多くの票を獲得も、予想に反し落選
I captured many votes, but contrary to my expectations, I lost the election.

大多数が僕の改革に賛同しなかった
The majority of the citizens didn't approve of my political reforms.

でも僕の作家人生あの時から始まった
But I admit that my career as a writer began then.

いま国民に影響を持ち、皆の幸運祈る
I now have great influence on the nation and I wish them all the best.

失敗あるけど、僕の道、愛と幸せ満ちている
Despite some failures, my life is full of love and happiness.

出会いと別れ繰り返し、皆の幸運いま祈る
Over and again I encounter someone new and leave another. I wish them all the best.

恋とサヨナラ繰り返し、皆の幸運いま祈る
I fell in and out of love many times. I wish them all the best.

03. Our Home ─ the earth ─

作詞：泉忠司
作曲：児島啓介
編曲：Musique (Masaki Eto & Kazuma Jinnouchi)
歌：泉忠司

草原を流れる太古の小川
A primitive stream runs through the plain.
細胞の起源生み出す静かな海
The calm ocean creates the origin of our cells.

絶滅する種に生き残る種
Some species become extinct, while others survive.
古代文明まで祖先を辿る
We trace our ancestors back to ancient civilization.

争いが起こり、平和が訪れる
Conflicts arise then peace is accomplished.

悠久の川を超え、この惑星に存在する
Across a permanent river, we exist on this planet.
鮮やかな光とあいまいな影に包まれ
Surrounded by vivid light and vague shadow,
広い大地でかけがえのない出会いを求める
we seek a precious encounter on the vast land.

山並みを映す湖の水面
The surface of the lake reflects the mountains.
未来を予測する遠き宇宙の星
Distant stars in the universe predict our future.

環境を壊す恐ろしい嵐
A terrible storm destroys the environment.
作物すべて拭い去る大洪水
A disastrous flood wipes out the whole crop.

魂はどんな困難も乗り越える
Our spirits always overcome any difficulties.

深遠な海の底で誕生した僕ら
We appeared in the bottom of the profound sea.
激しい痛みと永遠の安らぎを通り抜け
We go through a severe pain and eternal ease.
大きく手を広げ 愛を見つめて生きている
We spread out our hands and live, staring at love.

04. Economist in Love

作詞：泉忠司
作曲：児島啓介
編曲：Musique (Masaki Eto & Kazuma Jinnouchi)
歌：金澤カオル＆メグミ

私は学者、経済学と政治学専攻
I'm a scholar majoring in economics and politics
知識は豊富だけど、実践的な経験はない
with plenty of knowledge but no practical experience.

社会事業に従事する公務員に恋をした
I fell in love with an officer engaging in social services.
結婚したいと言う彼に、すぐに返事ができなかった
He revealed his hope to marry me. I couldn't reply soon.

会議を組織し、プロポーズについて議論
I organized the conference and debated on his proposal.
哲学と政策に従い、結論に達す
Obeying our philosophy and policy, we reached the conclusion
利益と儲けが重要な恋の要素
that benefit and profit are significant elements for love.

地位からすると、収入はいいだろう
His status suggests that he should have a good income.
さらに同僚の新たな調査によると
Moreover, according to the new survey from my colleagues,
たぶん彼は莫大な財産持っている
he probably has an enormous amount of property.
無性に彼に頼りたくてたまらなくなる
An overwhelming desire to rely on him comes over me.

小さなミスが後に深刻な結果につながりうる
A small mistake can lead to serious consequences later.
需要と供給のバランス、
私は維持していかなくちゃ
I must maintain a proportion of demand to supply.

緊急事態発生！ 見知らぬ人が彼にアプローチ
An emergency occurred！ A stranger is approaching him.
この状況では戦略に最高の価値を置かねば
In this situation I must put the prime value on strategy.

適切な装置と膨大なデータが野心サポート
Appropriate equipment and huge data support my ambition.
高価な服、伝統の方法、深い愛情
Expensive clothes, traditional method, and deep affection
かなり好意的な印象を与える
will make an extremely favorable impression on him.

私の態度をほめてくれ、敵を撃破
He praised me for my attitude. I could beat my opponent.
説得して私を選ばす自信があった
I had confidence in my ability to persuade him to select me.
研究手法はあらゆる交渉に使える
Research skills are useful for all kinds of negotiations.
何より大事なのは対象への熱意
What is most necessary is the enthusiasm for the object.

05. the time I …

作詞：泉忠司
作曲：江藤雅樹
編曲：Musique (Masaki Eto & Kazuma Jinnouchi)
歌：児島啓介＆山本佳奈

(女) 太陽が勇気くれ、見知らぬ街、探検したくなる
The sun encourages me to explore a strange town.
テストの結果なんて心配してても仕方がない
It's no use worrying about the results of my examinations.

(男) 気候や木々の色合いが秋の訪れ告げている
The climate and the leaves in the trees indicate that autumn is here.
外出避けるより、陽気な笑顔で挨拶したい
I prefer greeting someone with cheerful smile to avoiding going out.

(女) 仕事大変みたいだし、疲れてるかなぁ
I wonder if he is exhausted by his hard tasks at work.
(男) 必死になって試験の準備してるかなぁ
I wonder if she struggles to prepare for a test.

(二人) とにかく電話して、このワクワク知らせなきゃ！
Anyway, I must call and inform you of my excitement!

(女) 空に浮かぶ雲がウサギに似ていると気づく
I perceive that the cloud floating in the sky is looking similar to a rabbit.
(男) 落ち葉は爽やかさ強調する装置だと定義
I define fallen leaves as devices to emphasize freshness.
(二人) 混んだ道を縫って転がるどんぐり見てビックリ
An acorn rolling through the horrible traffic amazes us.
(二人) 缶コーヒー一緒に飲めば小さな幸せ
We gain tiny pockets of happiness from a can of coffee together.

(女) その土地の公園入り、元気な子どもの仲間にジョイン
Entering a local park, we join in with some active kids.
芝生の中に寝転がり、たくさんの言葉を交わす
Lying in the grass, we exchange plenty of words.

(男) 建設中の公共施設見ながら、鳩にエサをやる
Watching public facilities under construction, we feed the pigeons.
君の方に足を伸ばし、僕は絵を描く、木の下で
I draw a picture beneath a tree with my legs stretched toward you.

(女) すごいね、いつも自分の主義を貫いて
I admire you who always stick to your principles.
(男) ありがとう。もうすぐ大学も卒業だね
Thanks. Soon, you will graduate from university.

(女) わたし (男) 僕 (二人) いつだってすごく感謝している
I constantly owe a debt of gratitude to you.

(女) 田舎の方と比べると、この街は変わりがち
Compared with rural regions, this town tends to vary.
(男) 今後の成り行き次第では、僕たちも変わるかも
We may change depending on how things develop in the future.
(女) 言えるの (男) 強く言える (二人) 太陽はいつも同じ
(女) I dare say (男) I can claim (二人) that the sun will always stay the same.

(二人) 満足してる、(男) 一緒にいられる
(女) 一緒に座れる (二人) この時に
(二人) I'm satisfied with the time
(男) I can accompany you,
(女) I can be seated (二人) next to you.

06.　next to you

作詞：泉忠司
作曲：江藤雅樹
編曲：Musique (Masaki Eto & Kazuma Jinnouchi)
歌：アサコ

失敗も買う価値あると分かるわ、
A mistake would prove to be worth buying,
たとえ財産すべて費やそうと
even if it costs you all your wealth.

つまらないこと気にしないで
Don't let trivial things bother you.
何にがっかりしているの？
What are you disappointed with ?

甘えていいの、恥ずかしがらず
Don't feel embarrassed about taking advantage of me.

人生に落胆しないで
Don't be depressed about life.
報われない努力もある
Every effort isn't always rewarded.

その主義に反対することで非難する人
Some criticize you for opposing their principles.
国内事業を拡大するの責める人
Others blame you for expanding the domestic operations.
そういうのってかなりこたえるよね。そうじゃない？
Something like that can have a serious effect on you, can't it ?

わたしの言葉、あなたに効果ないかも…
Nothing I say may have any effect on you …

どれほどの富と名声あなた手に入れても
Whatever fortune and fame you may achieve,
幸せの源、近くにあると分かるでしょ
you'll find the source of happiness is here at home.
わたしの代わり、簡単には見つからないわよ
I'm the woman who would be difficult to replace.

あなたのわたしへの態度、責任感あるよね
Your attitude towards me includes a sense of responsibility.
いつまでだって我慢できる。重荷にならないわよ
There's no limit to my patience. I won't be a burden on you.
いつだってあなたの味方、いつだって隣にいるわ
I'm always on your side. I'm always next to you.

見えない危険におびえないで
Don't be frightened of potential danger.
対処できる能力あるわ
You have great capacity to handle it.

07.　with my shaker

作詞：泉忠司
作曲：児島啓介
編曲：Musique (Masaki Eto & Kazuma Jinnouchi)
歌：金澤カオル＆メグミ

珍しいスコッチの特徴を説明する男
A man is describing the features of a rare Scotch whisky.
隣の女はレクチャーに飽き飽きしてるみたい
Apparently the woman next to him is bored with his lecture.

ウエイターにカクテルのコンセプトを
説明しろとせがむ男
A man urges a waiter to explain the concept of this cocktail.
見知らぬ男のおごり拒否する細身の女、
魅力的
A thin woman with sex appeal rejects a stranger's treat for a drink.

世界的問題の議論にエネルギー費やす男たち
Men expend much energy to discuss global affairs.
社会の変化に適応できない人を叱ることもある
Sometimes I scold them for not adapting to the change in social structure.

あらゆる客が生活に満足してるとは限らない
All customers are not necessarily content with their life.
癒してくれる何かを求めて、みんなここに
やって来る
Everybody comes here in search of something with which to heal their souls.
カウンター越し、いろんな種類のドラマ見
つつシェーカーを振る
Watching all sorts of drama happening over the counter, I shake my shaker.

カップルがケンカ始めた。お金の援助欲しがって
A couple began to quarrel. He wanted to gain financial support.
彼女が大金貸すのを拒否したのはもっともね
It was reasonable that she refused to lend him so much money.

知的な男が小説の著者、教授に紹介
An intellectual man introduces the author of the novel to a professor.
会社起こした人、最近の流行チェック
しようとしてる
A man who has established a company intends to check current trends in fashion.

浮気をしていたことであきらかに
バカな言い訳する女
A woman makes an obviously stupid excuse for cheating on her lover.
なのに、彼女を許すよう努力しよう
と試みる彼
Nevertheless, he attempts to make an effort to forgive her.

笑顔を浮かべ、スタンダードなカクテル勧める
I recommend standard cocktail with a smile on my face.
みんな不確定な未来の諸相に不安抱いてる
Everybody is anxious about the many aspects of their indefinite future.
問題解決できないけど、緊張和らげる、シェーカーで
I can't solve their problems but I can soften their strain with my shaker.

210

08.　Escape from the Crisis !

作詞：泉忠司
作曲：児島啓介
編曲：Musique (Masaki Eto & Kazuma Jinnouchi)
歌：児島啓介

ついにあの子がこの部屋にやってくる
Eventually she is coming to my private room.
雰囲気や振る舞いはいつも上品
Her atmosphere and behavior is always polite.
きっと汚いこの部屋に不満を覚える…
She must complain of the room being untidy…

　　　　　危機から逃れなきゃ！
　　　　　Escape from the crisis!

大気汚染に苦しまないように窓を開ける
Open the window so as not to suffer from air pollution.
昔の調査で使った資料を捨てる
Abandon the paper materials from the old research.
棚の上の本や雑誌を整理する
Arrange the books and magazines on the shelves.

ん、なんだ？　この四角い紙切れは何だろう？
Oh what? What's this square piece of paper?
親戚や近所の人との懐かしい写真！
An old picture with my relatives and neighbors!
僕は夢中になってアルバムを眺める
I devote myself to looking through the albums.

しまった、僕の遺伝子に掃除の才はない！
Oh god, my genes don't have talent for cleaning!
無邪気な敵が今にもドアから現れる
An innocent enemy will immediately emerge from the door.
計画変更！ゴミの山を視界から消すだけ！
Change the project ! Let's just get this mass of trash out of sight!

基本的な理論と適切な技術は持っている
I have fundamental theory and proper technique.

電話して甘いものを買ってきてと頼む
I called and asked her to purchase some sweet stuff.
時間どおり来るのを妨げるのに成功
I succeeded in preventing her from coming on time.
ごみを押入れに放り込む、死んだ虫も一緒に
Hide household waste and dead insects into the closet.
カーペットを裏返し、コーヒーのシミを隠す
Turn the carpet over to conceal marks of spilt coffee from her.
花やぬいぐるみを飾る。
彼女の注意を引く武器
Display flowers and toys; weapons to attract her attention.

ピンポン♪「どうぞ。靴を脱いでね！」
Ping-pong ♪ "Please come in. Remove your shoes!"

09.　urban romance

作詞：泉忠司
作曲：江藤雅樹
編曲：Musique (Masaki Eto & Kazuma Jinnouchi)
歌：山本佳奈

冷たい雲がビルの向こう、黙ったままでいる
Cold clouds remain silent over the buildings.
ナーバスな乗客運ぶ電車、いつもどおり
Trains convey nervous passengers as usual.
スクリーンに映し出される最新のニュース
The latest news is broadcasted on the screen.

喜びや悲しみをほとんど口には出せない
I can scarcely mention delight or sorrow.

記憶が消えてしまいそう。来てと乞い求める
Memory is fading away. I beg him to come.

  複雑な生活スタイルに慣れる
  I'll adjust to a complex life style.
  都会の恋を進んで受け入れるわ
  I'm willing to accept an urban romance.
  タバコの煙あれば前に進める
  Cigarette smoke will permit me to proceed.
  壁にもたれて深いため息をつく
  I sigh deeply, leaning against the wall.

都会の砂漠、きらめくシーンは孤独を集める
The scenes of sparkling lights in this concrete desert gather solitude.
ひどい広告や暴力を素通りする人
People ignore awful advertising signs and violence.
ギアを変え、ミッドナイトのハイウェイへと急ぐ
I shift gear and rush into the midnight highway.

嘘とホントを見分けることはほとんどできない
I can hardly distinguish a lie from the truth.

幸せへの狭い通りをさまよい歩くの
I wander this narrow path to an urban happiness.

事態はなぜだか心を傷つける
Circumstances somehow hurt my feelings.
孤独なベッドのなか、凍えて死にそうになる
I'm about to freeze to death in this lonely bed.
時に女を悩ます都会の恋
Urban romance will sometimes puzzle females.
この街で生きて呼吸をすると決めたのよ
I'm determined to live and breathe in this town.

10. Love Song

作詞：泉忠司
作曲：児島啓介
編曲：Musique (Masaki Eto & Kazuma Jinnouchi)
歌：泉忠司

海が次第に染まる夕暮れ
The sun gradually makes the ocean red at dusk.
水平線に見とれてる君
You're completely absorbed in watching the horizon.

魅力ある星見て君にキスをする
Watching fascinating stars in the sky, I kiss you.

10年の涙は波に溶け
Your tears for the decade dissolved in the waves.
歩み続ける僕らのストーリー
Our story will continue to make progress.

どんな困難二人出会おうとも
Whatever trouble or difficulty we may face,
けっして君を手放したりしない
absolutely I'll never part with you.
信じて僕についておいで、ずっと
You should trust me and follow me forever.

心地いい風吹き君を強く抱く
Comfortable breezes allow me to hold you tight.

決めたんだ、君を愛し、守ってく
I decided to love you and protect you.

君と分けあう喜び悲しみ
The pleasure and grief I share with you
優しさと勇気与えてくれる
provide me with kindness and courage.
いま伝えたいこの手のぬくもり
I want to transmit the warmth of my hands,
これが僕の心からの気持ち
which expresses my sincere emotion.

君と分けあう喜び悲しみ
The pleasure and grief I share with you.
優しさと勇気与えてくれる
provide me with kindness and courage.
好きなんだ。代わりは誰もいない
I love you. I can't find any other alternative.
100万年先も隣は君
I expect you to be with me in a million years from now.

なじみの写真、お気に入りのメロディ
This familiar photo and our favorite melody
過ぎた日々を思い出させる
remind us of our days gone by.

僕らの生い立ちはまったく違う
My background is altogether different from yours.
でも知ってる、君の強さ弱さ
But I know both your strength and weakness.

INDEX

※インデックスは見出し語だけでなく派生語や反対語等で収録した単語も収録してあります。

a

abandon	118
ability	72
able	72
about	136
above	85
absolute	148
absolutely	148
absorb	140
abstract	133
accept	104,131
acceptable	131
acceptance	131
accepted	131
accompany	89
accomplish	49
accomplishment	49
accord	64
according	63
accordingly	64
accuracy	174
accurate	174
accurately	174
ache	27
achieve	94
achievement	94
acorn	81
acquire	29
acquired	29
acquisition	29
across	49
active	83
activity	83
actual	30
actually	30
adapt	105
adaptability	105
adaptable	105
adaptation	105
add	154
addition	154
additional	154
address	184
adjust	130
adjustment	130
admirable	85
admiration	85
admire	85
admission	41
admit	41
adopt	154
adoption	154
advance	25
advanced	25
advancement	25
advantage	96
advantageous	96
advertise	134
advertisement	134
advertising	134
affair	104
affect	70
affection	70
affectionate	70
afford	154
affordable	154
afraid	27
against	132
age	175
aged	175
agency	165
agent	165
agree	184
aim	28
alarm	154
allow	142
allowance	142
alternate	149
alternative	149
altogether	146
amaze	81
amazed	81
amazing	81
ambition	69
ambitious	69
amount	64
ancestor	48
ancestry	48
ancient	48
anger	37
angry	37
announce	154
announcement	154
anxiety	111
anxious	111
anxiously	111
anyway	79
apparent	102
apparently	102
appeal	103
appealing	104
appear	53
appearance	53
applicable	155
applicant	155
application	154
apply	154
appoint	29
appointed	29
appointment	29
appreciate	155
approach	67
appropriate	68
appropriately	68
approval	41
approve	41
argue	155
argument	155
arise	48
arm	184
arrange	118
arrangement	118
arrogant	30
art	184
article	184
ashamed	175
asleep	175
aspect	111
associate	155
association	155
assume	184
atmosphere	116
atmospheric	116
attempt	110
attend	184
attention	125
attitude	71
attract	125
attraction	125
attractive	125
audience	38
author	108
autograph	134
autumn	77
avail	175
available	175
avoid	78
avoidable	78
avoidance	78
awake	175
aware	175
awareness	175
awe	134
awful	134
awfully	134

b

background	146
base	155
basic	155
basis	165
bear	185
beat	71
beg	130
beggar	130
behave	116
behavior	116
belong	155
belongings	155
beneath	85
beneficent	62
beneficial	62
benefit	62
betray	36
betrayal	36
betrayer	36
bill	185
billion	150
biological	176
biologist	176
biology	176
blame	97
board	185
bold	31
book	185
bore	102
bored	102
boredom	102
boring	102
borrow	108
bother	92
bottom	53
bound	185
brain	165
branch	165
brave	31
bravery	31
breadth	176
break	185
breath	137
breathe	137

INDEX

breathless	137	climate	77	confident	71	costly	96
breeze	142	cloth	69	confidential	71	count	187
brief	176	clothes	69	conflict	48	couple	107
briefly	176	cloud	21	conflicting	48	courage	144
bright	176	coin	186	confuse	37	courageous	144
broad	176	cold	128	confused	37	court	187
broadcast	129	colleague	64	confusing	37	cover	187
broaden	176	combination	155	confusion	37	create	46
burden	99	combine	155	conscious	177	creation	46
burdensome	99	comfort	142	consequence	66	creative	47
by-product	162	comfortable	142	consequent	66	creator	47
c		command	186	consequently	66	creature	47
call	122	commission	156	consider	26	credit	187
calm	46	commit	156	considerable	26	crime	166
cancer	165	commitment	156	considerate	26	criminal	166
capability	176	common	102	consideration	26	crisis	117
capable	176	company	109	considering	26	critic	97
capacity	95	comparable	87	consist	156	critical	97,117
capital	185	comparative	87	consistency	156	criticism	97
captive	40	comparatively	87	consistent	156	criticize	97
capture	40	compare	86	constant	86	crop	52
career	41	comparison	86	constantly	86	crowd	39
case	185	compete	34	construct	84	crowded	39
cell	47	competition	34	construction	84	cure	157
century	141	competitive	34	constructive	84	curiosity	177
certain	186	competitor	34	consume	156	curious	177
challenge	186	complain	117	consumer	156	curiously	177
chance	186	complaint	117	consumption	156	currency	109
change	120	complete	140	contain	156	current	109
character	30	completely	140	container	156	currently	109
characteristic	30	completion	140	content	106	customer	105
characterize	30	complex	130	context	165	**d**	
charge	186	complexity	130	continual	141	danger	39
cheat	110	complicate	179	continually	141	dangerous	39
check	109	complicated	179	continue	141	dare	88
cheer	78	compulsory	182	continuity	141	data	68
cheerful	78	conceal	60,124,158	continuous	141	dawn	140
chemical	176	conceive	103	contrary	40	dead	124,137
chemist	176	concentrate	156	contrast	22	deadline	124
chemistry	176	concentration	156	contribute	156	deal	187
Chinese character	30	concept	103	contribution	158	death	124,137
cigar	131	conception	103	convenience	177	debate	61
cigarette	131	concern	187	convenient	177	debt	86
circumstance	136	conclude	62	convey	128	decade	141
citizen	41	conclusion	62	conviction	22	decide	149
citizenship	41	conclusive	62	convince	22	decision	149
civilization	48	concrete	133	convincing	22	decisive	149
civilized	48	concretely	133	copy	47	decline	157
claim	88	conduct	156	correct	177	decrease	159
class	186	conference	61	correction	177	deep	70,132
cleaning	120	confide	71	correctly	177	deepen	132
clerk	105	confidence	71	cost	96	deeply	132

215

define	80	devote	119	earn	158	encouraging	27
definite	80,111	devoted	119	earth	46	enemy	120
definitely	80	devotion	119	ease	54	energetic	104
definition	80	diet	188	easily	54	energy	104
degree	188	differ	146	easiness	54	enforce	25
delay	157	difference	146	easy	54	engage	59
delicacy	35	different	146	economic	58	engagement	59
delicate	35	difficult	147	economical	58	enormous	64
delight	129	difficulty	147	economics	58	enter	82
delighted	129	disadvantage	96	economist	58	enthusiasm	73
delightful	129	disappoint	92	economy	58	enthusiastic	73
deliver	157	disappointed	92	edge	28	entire	178
delivery	157	disappointing	92	effect	93	entirely	178
demand	66	disappointment	92	effective	93	entrance	82
demanding	66	disapprove	41	effectively	93	entry	82
democracy	166	disaster	52	effectiveness	93	environment	52
democrat	166	disastrous	52	efficiency	177	environmental	52
democratic	166	discipline	188	efficient	177	equal	178
denial	157	discomfort	142	effort	93	equality	178
deny	41,157	discourage	26	elderly	178	equip	68
department	166	discuss	104	elect	40	equipment	68
depend	87	discussion	104	election	40	escape	117
dependence	88	disease	166	electric	166	essence	178
dependent	88	dishonest	38	electrical	166	essential	178
depress	92	dismiss	158	electricity	166	establish	109
depressed	92	display	124	electronic	166	establishment	109
depressing	92	dissolve	141	element	62	estimate	158
depression	92	distance	51	elemental	62	eternal	54
depth	70,132	distant	51	elementary	62	eternally	54
derive	157	distinct	135	embarrass	96	eternity	54
descendant	48	distinction	135	embarrassed	96	evaluate	68
describe	102	distinctive	135	embarrassing	96	evaluation	68
description	102	distinguish	135	embarrassment	96	event	116
descriptive	102	distinguished	135	emerge	120	eventual	116
desert	133	disturb	157	emergence	120	eventually	116
deserted	133	disturbance	157	emergency	67,120	evidence	166
deserve	157	disturbing	157	emergent	67	evident	166
desirable	65	divide	158	emigrant	168	evidently	166
desire	65	division	158	emigrate	168	evil	178
despite	42	do	188	emotion	145	evolution	166
destroy	52	domestic	38,98	emotional	145	evolutionary	166
destruction	52,84	domesticate	98	emphasis	80	evolve	166
destructive	52	drama	27	emphasize	80	exact	178
detail	166	dramatic	27	employ	158	exactly	178
detailed	166	dramatically	27	employee	158	examination	76
determination	137	dramatist	27	employer	158	examine	76
determine	137	draw	84	employment	158	excel	24
determined	137	dusk	140	empty	178	excellence	24
develop	88	duty	37	enable	29	excellent	24
development	88	duty-free	37	encounter	43	exchange	83
device	80			encourage	26,144	excite	79
devise	80	eager	177	encouragement	27	excited	79

INDEX

excitement	79	familiar	145	frequently	178	ground	189
exclude	98	familiarity	145	fresh	81	guess	159
excuse	110	famous	94	freshness	81	guilty	120
exercise	188	fascinate	147	frighten	94	**h**	
exhaust	78	fascinated	147	frightened	94	habit	168
exhausted	78	fascinating	147	frightening	94	habitual	168
exhausting	78	fascination	147	frightful	94	habitually	168
exhaustion	78	fashion	109	fuel	167	handle	95
exist	49	fast	188	function	167	happen	106
existence	49	fatal	23	functional	167	happily	82
existing	49	fate	23	fundamental	121	happiness	82
expand	97	fateful	23	future	23	happy	82
expanse	97	fault	167	**g**		hard	78
expansion	97	favor	70,145	gain	82	hardly	135
expect	40,150	favorable	70,145	galaxy	25	harm	168
expectation	40,150	favorite	145	game	189	harmful	168
expend	69,104	feature	102	gather	133	harmless	168
expenditure	63,69,104	feed	84	gene	119	head	189
expense	69,104	feeling	136	general	179	headache	27
expensive	69	female	137	generalization	179	heal	106
experience	59	figure	188	generalize	179	healing	106
experienced	59	fill	25	generally	179	height	168
experiment	167	finance	107	genetic	119	heighten	168
experimental	167	financial	107	gentle	25	hide	123
explain	103	fine	188	gently	25	high	168
explanation	103	fire	189	genuine	179	highway	135
exploration	76	firm	189	gift	189	hold	142
explore	76	fit	189	glance	23	honest	38
export	159	fix	189	global	104	honesty	38
expose	158	flat	189	globalization	104	horizon	140
exposure	158	float	80	globe	104	horizontal	140
express	144	flood	52	good	63	horrible	81
expression	144	focus	39	goods	167	horrify	81
expressive	144	follow	148	govern	167	horror	81
extend	158	follower	149	government	167	household	123
extension	158	following	149,180	governor	167	however	31
extensive	158	forbid	142	grade	140	huge	68
extent	158	force	25	gradual	140	humanity	190
extinct	47	forcible	25	gradually	140	hurt	136
extinction	47	forecast	21	graduate	85	husband	23
extreme	70	foreign	38,98	graduation	85	**i**	
extremely	70	foreigner	38	grant	36	ideal	22
f		forgive	110	grass	83	idealism	22,118
face	147	forgiveness	110	grateful	86	identical	159
facility	84	former	178	gratification	86	identification	159
factor	167	formerly	178	gratify	86	identify	159
fade	130	fortunate	93	gratitude	86	identity	159
fail	42	fortunately	93	greet	77	ignorance	133
failure	42	fortune	93	greeting	77	ignorant	133
faith	167	freeze	136	grief	143	ignore	133
faithful	167	frequency	178	grievance	143	illegal	179
fame	94	frequent	178	grieve	143	imitation	47

217

Word	Page	Word	Page	Word	Page	Word	Page
immature	34	inexpensive	69	involve	179	locate	160
immediate	120	infancy	169	involved	179	located	67
immediately	120	infant	169	involvement	179	location	160
immigrant	168	inferior	182	irresistible	164	loneliness	137
immigrate	168	influence	42	irresponsible	99	lonely	137
immigration	168	influential	42	issue	190	long	190
impact	168	inform	79	item	190	loose	143
impartial	148	information	79	**j**		lose	170
impatient	99	informative	79	join	83	loss	170
implication	159	informed	79	joint	83	lost	170
imply	159	inherent	29	judge	160	lot	191
impolite	116	injure	36	judgment	160	**m**	
import	159	injurious	36	**k**		maintain	66
impose	159	injury	36	kid	83	maintenance	66
imposing	159	innocence	120	kind	73,144	major	41,58
impress	70	innocent	120	kindness	144	majority	41,58
impression	70	insect	124	know	59	make	20
impressive	70	insist	36	knowledge	59	male	137
improve	159	insistence	36	knowledgeable	59	manage	191
improvement	159	insistent	36	**l**		manufacture	160
inaccurate	174	inspiration	160	labor	170	manufacturer	160
inappropriate	68	inspire	160	laborious	170	mark	124
inborn	29	inspiring	160	lack	170	marriage	60
incapable	176	instance	169	lacking	170	married	60
incident	168	instinct	23	lake	51	marry	60
incidental	168	instinctive	23	land	50	mass	121
incidentally	168	instinctively	23	last	190	massive	121
include	98	institution	169	later	66	match	160
including	98	institutional	169	latest	129	material	118
inclusive	98	instruct	169	latter	179	materialism	118
income	63	instruction	169	lead	65	materialistic	118
incomplete	140	instructive	169	leading	65	matter	191
inconvenient	177	instrument	169	leaf	77	mature	34
incorrect	177	instrumental	169	lean	132	mean	191
increase	159	insufficient	181	leave	43	means	170
increasingly	159	intellect	108	lecture	103	measure	191
indefinite	111	intellectual	108	legal	179	medical	179
indefinitely	111	intend	109	legend	26	medicine	179
independent	88	intention	109	legendary	26	medium	170
indicate	77	intentional	109	legislation	179	meet	191
indication	77	interest	190	lend	108	memorable	130
individual	168	intimacy	28	letter	190	memorize	130
individualism	168	intimate	28	lie	83,135	memory	130
individualistic	169	into	43	life	130	mental	30
individuality	169	introduce	108	light	50	mentality	30
industrial	169	introduction	108	likelihood	24	mentally	30
industrialization	169	introductory	108	likely	24	mention	129
industrialize	169	invaluable	68	limit	99	mere	180
industrialized	169	invariable	87	limited	99	merely	180
industrious	169	invent	160	line	190	method	69
industry	169	invention	160	liquid	181	midnight	134
inefficient	177	inventive	160	local	82	militarism	180

INDEX

military	180	novelty	108	paper	192	pleasure	143
millennium	141	nuclear	180	part	148	plenty	59
million	150	**o**		partial	148	policy	61
millionaire	150	obedience	61	participant	161	polite	116,181
mind	24	obedient	61	participate	161	politely	116
minister	38	obey	61	participation	161	political	37,58
ministry	38	object	73	particular	38	politician	37,58
minor	58	objection	73	particularly	38	politics	37,58
minority	41,58	objective	73	partly	148	pollutant	117
minute	191	objectivity	73	party	192	pollute	117
misfortune	93	observe	192	passage	171	pollution	117
mistake	65	obtain	161	passenger	128,171	populate	171
mistaken	65	obtainable	161	passion	29	population	171
modest	30	obvious	109	passionate	29	populous	171
modesty	30	obviously	109	passionately	29	positive	35,180
moral	180	occasion	170	passive	83	positively	35
moralistic	180	occasional	171	past	23	possess	161
morality	180	occasionally	171	path	136	possession	161
moreover	63	occupy	161	patience	99	possessive	161
move	191	occur	67	patient	99	potential	94
n		occurrence	67	pay	192	poverty	96
narrow	135,176	ocean	46	peace	48	practical	59
narrowly	135	offender	174	peaceful	48	practically	59
nation	42	offer	31	perceive	80	practice	192
national	42	offering	31	perception	80	praise	71
nationalism	42	officer	59	perform	161	precious	50
nationality	42	official	59	performance	161	predict	51
native	180	operate	98	period	171	predictable	51
nature	192	operation	98	permanent	49	prediction	51
necessarily	73,105	opinion	38	permission	132	prefer	77
necessary	73,105	opponent	71	permissive	132	preferable	77
necessitate	73	opportunity	20	permit	132	preference	77
necessity	73,105	oppose	71,97	persuade	72	preparation	79
negation	180	opposite	97	persuasion	72	preparatory	79
negative	35,180	opposition	97	persuasive	72	prepare	79
neglect	36	order	192	persuasiveness	72	present	23,192
negligent	36	organization	60	phenomenal	171	preservation	161
negligible	36	organize	60	phenomenon	171	preserve	161
negotiate	73	origin	47	philosopher	61	press	193
negotiation	73	original	47	philosophical	61	prevent	123
neighbor	119	originality	47	philosophy	61	prevention	123
neighborhood	119	originate	47	physical	30	preventive	123
neighboring	119	out of	43	piece	118	previous	180
nerve	128	overcome	53	pierce	22	previously	180
nervous	128	overestimate	158	pigeon	84	primarily	67
nevertheless	110	overwhelm	65	pity	171	primary	67
nonetheless	110	overwhelming	65	plain	46	prime	67
notice	160	owe	86	plainly	46	primitive	46
noticeable	160	own	161	planet	49	principle	85
notion	170	**p**		pleasant	143	privacy	116
novel	108	pain	53	please	143	private	116
novelist	108	painful	53	pleased	143	probability	64

219

Word	Page	Word	Page	Word	Page	Word	Page
probable	64	quantity	171	regard	23	resistance	164
probably	64	quarrel	107	region	87	resistant	164
problem	111	quarter	172	regional	87	resource	173
procedure	132	quarterly	172	reject	104	resourceful	173
proceed	132	quit	162	rejection	104	respect	193
process	132	**r**		relate	28	respond	164
produce	161	race	193	related	29	response	164
producer	162	raise	35	relation	29	responsibility	99
product	161	range	172	relationship	28	responsible	99
production	161	rapid	181	relative	119,148	rest	193
productive	161	rapidly	181	relatively	119	restructure	105
productivity	162	rare	102	relativity	119	result	76
professional	108	rarely	102	release	163	reveal	60
professor	108	rate	172	reliable	65	revelation	60
profit	62	rating	172	reliance	65	revolution	173
profitable	62	reach	61	relief	172	revolutionary	173
profound	53	react	162	relieve	172	revolutionize	173
progress	141	reaction	162	religion	172	revolve	173
progressive	141	reactionary	162	religious	172	reward	93
progressively	141	readily	181	rely	65	rewarding	93
project	121	ready	181	remain	128	right	193
promote	162	ready-made	181	remains	128	risk	27
promotion	162	real	20	remark	163	risky	27
proof	95	realism	22	remarkable	163	role	173
proper	122	realistic	20	remarkably	163	roll	81
properly	122	reality	20	remind	145	romance	131
property	64	realization	20	reminder	145	romantic	131
proportion	66	realize	20	removal	125	room	193
proposal	61	really	20	remove	125	routine	21
propose	61	rear	172	rent	163	rude	181
proposition	61	reason	107	rental	163	rudeness	181
protect	149	reasonable	107	repair	163	run	193
protection	149	recall	34	replace	94	rural	87,131
protective	149	recent	34	replacement	94	rush	134
prove	95	recently	34	reply	60	**s**	
provide	143	recognition	30	represent	163	satisfaction	89
provided	144	recognizable	30	representation	163	satisfactory	89
provision	144	recognize	30	representative	163	satisfy	89
public	84,116	recommend	110	require	28	save	194
publication	162	recommendation	110	requirement	28	scarce	129
publish	162	recover	162	research	72	scarcely	129
publisher	162	recovery	162	researcher	72	scene	133
purchase	122	reduce	162	resemblance	163	scenery	133
purpose	171	reduction	162	resemble	163	scenic	133
purposeful	171	refer	163	reservation	164	scholar	58
pursue	27	reference	163	reserve	164	scholarly	58
pursuit	27	reflect	51	reserved	164	scholarship	58
puzzle	137	reflection	51	reside	172	scold	105
q		reflective	51	residence	172	search	106
qualitative	171	reform	41	resident	172	seat	89
quality	171	refusal	107	residential	172	secure	173
quantitative	171	refuse	107	resist	164	security	173

INDEX

seek	50	slavery	173	store	20	surroundings	49
seize	31	slide	21	storm	52	survey	64
select	72	slight	181	strain	112	survival	47
selection	72	slightly	181	strained	112	survive	47
selective	72	slip	21	strange	67,76	survivor	47
sense	98	slope	25	strangely	76	suspect	164
sensible	35,98	sociability	60	strangeness	76	suspicion	165
sensitive	35,98	sociable	60	stranger	67	suspicious	165
sensitivity	35	social	59	strategy	68	sweet	122
sensory	98	socialize	60	stream	46	**t**	
sensual	98	society	59	strength	146	talent	120
sentence	194	sociology	60	strengthen	146	talented	120
serious	98	soft	112	stress	164	target	28
seriously	98	soften	112	stressful	164	task	78
seriousness	98	soil	173	stretch	85	taste	173
serve	194	solid	171	strict	181	tasteful	173
service	60	solitary	133	strictly	181	tear	141
settle	194	solitude	133	strike	195	technical	122,173
severe	53	solution	111	strong	146	technician	174
severely	53	solve	111	structure	105	technique	122
severity	53	some	122	struggle	79	technological	174
shadow	50	somehow	136	stuff	122	technology	173
shake	107	sometime	31	stupid	110	temperature	35
shallow	70	sometimes	31	stupidity	110	temporary	49
shame	175	sorrow	129	style	131	tend	87
shameful	175	sort	106	subject	195	tendency	87
shape	35	soul	106	substance	173	term	195
share	143	sound	194	substantial	173	terrible	51
shelf	118	source	94	succeed	123,195	terrified	51
shift	134	sparkle	133	success	123	terrify	51
side	99	sparkling	133	successful	123	terrifying	51
sigh	132	species	47	succession	123	theoretical	121
sight	121	specific	39	successive	123	theory	121
sign	134	specifically	39	suffer	117	thick	103
signal	134	specification	39	suffering	117	thin	103
signature	134	specifics	39	suffice	181	threat	165
significance	62	specify	39	sufficient	181	threaten	165
significant	62	spell	194	suggest	63	threatening	165
signify	62	spill	124	suggestion	63	through	46
silence	128	spirit	53	suggestive	63	tidy	117
silent	128	spiritual	53,118	suit	164	tight	143
similar	80	spread	54	suitable	164	tighten	143
similarity	80	spring	194	superior	182	tiny	82
sincere	145	square	118	superiority	182	together	82
sincerely	145	stand	195	supply	66	tongue	195
sincerity	145	standard	111	support	69	toothache	27
situated	67	stare	54	supportive	69	topic	39
situation	67	state	38	suppose	21	topical	39
skill	72	status	63	supposedly	21	touch	196
skilled	72	stick	85	supposition	21	tough	182
skillful	72	still	195	surface	50	toy	124
slave	173	storage	20	surround	49	trace	48

221

trade	174	useless	72	willingness	131
tradition	69	usual	128	wipe	52
traditional	69	usually	128	wonder	78
traditionally	69	**v**		wonderful	78
traffic	81	vague	50	word	197
transmission	144	valuable	68	work	197
transmit	144	valuables	68	worry	76
transport	174	value	68	worth	95
transportation	174	valueless	68	worthy	95
trash	121	variable	87	wound	174
treat	104	variation	26,87	wounded	174
treatment	104	varied	87	**y**	
trend	109	variety	26,87	yield	197
trendy	109	various	26,87	youth	34
triangle	118	vary	26,87	youthful	34
trivial	92	vast	50		
trouble	147	very	196		
troublesome	147	vice	196		
true	135	victim	174		
trust	148	view	196		
trustworthy	148	violate	134		
truth	135	violence	134		
tune	20	violent	134		
turn	196	vivid	49		
typical	182	vocabulary	174		
u		voluntary	182		
unavailable	175	volunteer	182		
unaware	175	vote	40		
unbelievable	31	**w**			
unbelievably	31	wander	135		
unconscious	177	warm	144		
underestimate	158	warmth	144		
undergraduate	85	warn	39		
unequal	178	warning	39		
unfamiliar	145	waste	123		
universal	51	wasteful	123		
universality	51	wasteland	123		
universe	51	wave	141		
university	85	way	25		
unlikely	24	weak	146		
unpredictable	51	weaken	146		
untidy	117	weakness	146		
upset	182	wealth	96		
urban	87,131	wealthy	96		
urbanization	131	weapon	125		
urbanize	131	wear	196		
urge	103	whole	26		
urgency	103	widespread	182		
urgent	103	wife	23		
useful	72	will	197		
usefully	72	willing	131		
usefulness	72	willingly	131		

Artists

児島啓介
AXIAアーティストオーディション全国優勝。SMAPアルバム『S-map』にて作詞作曲（曲名『STOP!』）、国府弘子アルバム『Piano Letter』でコーラス参加。99年より南青山マンダラにてワンマンライブ20公演開催、並びに各種イベントにて活動中！　Album『Rock/Pops/Soul/祈り』『Lemon/Pepper/Salt/祈り』発売中。
公式サイト　http://www.kojiman.com/

山本佳奈
5歳からピアノを、10歳の頃より歌と作詞を始め、17歳で札幌から上京。以後中島マリ氏にボーカルを師事。2001年『UNFREEZE』でビクターエンターティンメントよりメジャーデビュー。2004年、音楽活動を一時休止。応用的な作曲・編曲法を学ぶため、江藤雅樹氏に師事。現在、再デビューに向け、江藤雅樹プロデュースで作品の準備中。

金澤カオル
モデルとして活動後、アイルランド、アメリカなどの留学経験を経て、ローリングストーンズ、マッシヴ・アタックなどの海外ミュージシャンのツアー通訳、TV番組翻訳など、幅広く活躍中。現在、インターネット放送局「あっ！とおどろく放送局」（http://tandm.tv）にて、音楽番組や7時間の長時間番組のMC・プロデュースを務める他、メールで参加できる無料英会話番組『Q&英会話』の出演・プロデュースを手掛けている。Everyone! Enjoy learning English by these songs!

金澤メグミ
20歳からボイスレッスンを始め、大手レコード会社とデビューに向けての話を進める。24歳で突如方向転換してスポーツ業界に。現在は利用者の8割が外国人という有名フィットネスセンターでチーフを務める。姉である金澤カオルの助っ人として、前作『ココから世界に通じてる』にゲスト参加。ＣＤデビューを果たす。本作より正式にThe Rootersのメンバーに加わる。

アサコ
兵庫県出身10代の頃よりボーカルとしてバンド活動を開始。96年よりボーカリストの綾戸智絵氏に師事。同時期に師率いるゴスペルクワイアにも参加。現在は関西を中心に、バンド、ソロ、ゴスペルグループ等様々な形態で活動中。また、江藤雅樹をはじめとするIsis-famのプロデュースで2006年発売を目指しアルバムの制作も行っている。

サウンドプロデュース:江藤 雅樹

兵庫県・神戸市の出身、音楽家の家系に生まれ幼少期から様々な楽器と作曲を始め15歳で上京、プロとしてのキャリアをスタートさせる。ＳＭＡＰへの楽曲提供などで活躍する「児島啓介」のプロデュース、「かわらだユタカ」のインディーズ時代からメジャーにかけての活動サポートの他、ゲーム・映像・舞台等の音楽制作を多数手掛ける。自身の音楽活動としても江藤雅樹のピアノ・ボーカルと関西のギターリスト石橋文博の二人による「Isis-fam」を1998年に関西で結成。近年ではStringsなども含めた30人を越える大所帯バンドに膨れ上がり、現在でも関西・関東で精力的に活動を行っている。2004年よりIsis-famの東京メンバーによる「HMB」を主宰。様々なアーティストのライブやレコーディング、その他ゲーム・映像音楽制作などを多数担当している。BIGMADE社副社長兼音楽コンテンツ開発事業本部・統括本部長／チーフプロデューサー、STUDIO BIGMADE代表も務める。
(関連ホームページ) Isis-fam　http://www.isisfam.com/

(レコーディング参加ミュージシャン)

SoundProduced by Masaki Eto
Arranged by Musique
(Masaki Eto&Kazuma Jinnouchi)

Keyboard / Masaki Eto
Guitar / Kazuma Jinnouchi
Bass / Hachiroh
Bass / Emi Ishii
Bass / Kentarou Hamada
Drums / Yasutoshi Nakaya

Recorded & Mastered at STUDIO BIGMADE
Engineered by Masaki Eto
Assistant Engineered by Naoki Akatsuka

ネイティブチェック
KANE

16歳よりＤＪ及びシンガーとしてライブを展開。1990年に来日後は、クラブやディスコ、イベントのＤＪ、サウンド・プロデューサー等を務める。現在は歌手活動をメインに活躍。フジテレビ『力のかぎりゴーゴーゴー』で「HAMONEPU」挿入曲担当。2002年には日本武道館にて、「SHOGUN」のボーカルとして参加。「あっ!とおどろく放送局」にて『Qand英会話』レギュラー出演中。
http://www.kfaktor.com/

著者紹介

泉忠司 1972年香川県生まれ。ケンブリッジ大学留学、早稲田大学British Studies研究所客員研究員などを経て、現在は横浜市立大学、青山学院大学、日本大学などの講師を務める。俳優、脚本家、演出家、プロデューサーとして、舞台やミュージカルの製作・出演も行う。2006年9月には、小説と心理学のコラボレーションから生まれた"恋に効く"小説×恋愛学『クロスロード―あの日の約束―』(泉忠司&晴香葉子)がゴマブックスより発売される。学生時代は学生プロレスラーとして名を馳せ、シングル・タッグ合わせて5冠王に輝く。世界でおそらく唯一の歌って踊って闘う大学講師。
公式HP：http://www.izumi-tadashi.net

写真：新井邦彦

歌って覚える
英単語完全制覇

2005年12月25日	第1刷
2008年8月10日	第4刷

著　者　　泉　　忠　司

発行者　　小　澤　源　太　郎

責任編集　　株式会社 プライム涌光

電話　編集部　03(3203)2850

発行所　　株式会社 青春出版社

東京都新宿区若松町12番1号〒162-0056
振替番号　00190-7-98602
電話　営業部　03(3207)1916

印刷　図書印刷　　製本　大口製本

万一、落丁、乱丁がありました節は、お取りかえします
ISBN4-413-03566-6 C0082
©Tadashi Izumi 2005 Printed in Japan

本書の内容の一部あるいは全部を無断で複写(コピー)することは著作権法上認められている場合を除き、禁じられています。

まだの人はこちらも同時に！
わかりやすいと大評判の「歌って覚える」シリーズ

- 「こういうことだったんだ！」と納得の連続で、英語が好きになりました
- 歌詞で英文法を理解できて、曲がいいからすぐに暗記できる。画期的な勉強法だと思う
- この本を使って受験勉強できる人は幸せです！

などなど、全国から反響がいっぱい届いています！

歌って覚える 英文法完全制覇 【大学受験】

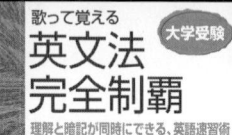

理解と暗記が同時にできる、英語速習術

泉 忠司 Tadashi Izumi

セオリー通りに勉強するだけでは、思うように点数はのびません

1の知識を10の力にする【11曲CD】付き

偏差値30から半年で全国1位を実現した

超人気大学講師 泉 忠司が贈る、

世界で一番わかりやすい **英語参考書！**

ISBN4-413-03549-6　1429円

お願い　ページわりの関係からここでは一部の既刊本しか掲載してありません。折り込みの出版案内もご参考にご覧ください。

※上記は本体価格です。（消費税が別途加算されます）
※書名コード（ISBN）は、書店へのご注文にご利用ください。書店にない場合、電話またはFax（書名・冊数・氏名・住所・電話番号を明記）でもご注文いただけます（代金引替宅急便）。商品到着時に定価＋手数料をお支払いください。〔直販係　電話03-3203-5121　Fax03-3207-0982〕
※青春出版社のホームページでも、オンラインで書籍をお買い求めいただけます。ぜひご利用ください。
〔http://www.seishun.co.jp/〕